Ilona Relikowski

Primäre und sekundäre Effekte am Übertritt in die Sekundarstufe I

Zur Rolle von sozialer Herkunft und Migrationshintergrund

Ilona Relikowski
Bamberg, Deutschland

Zgl. Dissertation an der Otto-Friedrich-Universität Bamberg, 2012

ISBN 978-3-658-00339-5   ISBN 978-3-658-00340-1 (eBook)
DOI 10.1007/978-3-658-00340-1

Die Deutsche Nationalbibliothek verzeichnet diese Publikation in der Deutschen Nationalbibliografie; detaillierte bibliografische Daten sind im Internet über http://dnb.d-nb.de abrufbar.

Springer VS
© Springer Fachmedien Wiesbaden 2012
Das Werk einschließlich aller seiner Teile ist urheberrechtlich geschützt. Jede Verwertung, die nicht ausdrücklich vom Urheberrechtsgesetz zugelassen ist, bedarf der vorherigen Zustimmung des Verlags. Das gilt insbesondere für Vervielfältigungen, Bearbeitungen, Übersetzungen, Mikroverfilmungen und die Einspeicherung und Verarbeitung in elektronischen Systemen.

Die Wiedergabe von Gebrauchsnamen, Handelsnamen, Warenbezeichnungen usw. in diesem Werk berechtigt auch ohne besondere Kennzeichnung nicht zu der Annahme, dass solche Namen im Sinne der Warenzeichen- und Markenschutz-Gesetzgebung als frei zu betrachten wären und daher von jedermann benutzt werden dürften.

Gedruckt auf säurefreiem und chlorfrei gebleichtem Papier

Springer VS ist eine Marke von Springer DE. Springer DE ist Teil der Fachverlagsgruppe Springer Science+Business Media
www.springer-vs.de

Primäre und sekundäre Effekte am Übertritt in die Sekundarstufe I

Danksagung

Die vorliegende Arbeit entstand im Rahmen meiner Tätigkeit als Mitarbeiterin in der interdisziplinären Forschergruppe *Bildungsprozesse, Kompetenzentwicklung und Selektionsentscheidungen im Vorschul- und Schulalter* (BiKS), die seit 2005 von der Deutschen Forschergemeinschaft (DFG) unterstützt wird.

BiKS erhebt in Deutschland einzigartige Längsschnittdaten über die Bildungsverläufe von Kindergartenkindern sowie Kindern in der Grundschule und Sekundarstufe, welche es erst ermöglicht haben, die in dieser Arbeit präsentierten Ergebnisse vorlegen zu können. Die Mitarbeit im gesamten Erhebungs- und Auswertungsprozess der BiKS-Daten stellte und stellt für mich nach wie vor eine große persönliche Bereicherung dar.

Mein besonderer Dank geht an Prof. Dr. Dr. Hans-Peter Blossfeld, der mir als Doktorvater die Promotion in diesem Projekt ermöglicht hat und mich in meinen Forschungsvorhaben stets durch wertvolle Anregungen und seinen großen Erfahrungsschatz unterstützte.

Prof. Dr. Thorsten Schneider möchte ich für die Betreuung und die Zusammenarbeit im BiKS-Teilprojekt 7 (Kompetenzentwicklung und Bildungsentscheidungen bei Kindern mit Migrationshintergrund in der Grundschulzeit und in der Sekundarstufe) einen besonderen Dank aussprechen. Er hat zentrale Denkanstöße für meine Arbeit gegeben und mich fortwährend konstruktiv wie auch geduldig unterstützt.

Ich bedanke mich außerdem bei der gesamten BiKS-Forschergruppe sowie bei den Teilnehmer/-innen des Doktorandenkolloquiums am Lehrstuhl für Soziologie I der Otto-Friedrich-Universität Bamberg, die für mein Promotionsvorhaben einen wertvollen Diskussionskontext dargestellt haben. Im Rahmen der Forschungskolloquien wurde darüber hinaus die Möglichkeit zum regen Diskurs mit bedeutenden nationalen wie auch internationalen Wissenschaftler/-innen geschaffen, was besonderer Würdigung bedarf.

Inhaltsverzeichnis

Tabellenverzeichnis 9

Abbildungsverzeichnis 11

Einleitung 13

1	**Theoretischer Hintergrund und Forschungsstand** 19	
1.1	Primäre und sekundäre Herkunftseffekte 19	
1.2	Soziale Herkunftseffekte im Wandel 21	
1.3	Soziale und ethnische Herkunftseffekte bei Familien mit Migrationshintergrund 26	
1.4	Bildungsaspirationen von Familien mit Migrationshintergrund 31	
2	**Datenbasis und methodische Vorgehensweise** 41	
2.1	Beschreibung der verwendeten Datensätze 41	
2.2	Beschreibung der verwendeten Methoden 43	
3	**Empirische Untersuchungen** 49	
3.1	Soziale Herkunftseffekte im Wandel 49	
3.1.1	Forschungsfragen und Hypothesen 49	
3.1.2	Variablenbeschreibung 51	
3.1.3	Ergebnisse 55	
3.1.4	Zusammenfassung 67	
3.2	Soziale und ethnische Herkunftseffekte 67	
3.2.1	Forschungsfragen und Hypothesen 67	
3.2.2	Variablenbeschreibung 68	
3.2.3	Ergebnisse 71	
3.2.4	Zusammenfassung 86	

3.3	Determinanten und Entwicklung realistischer Bildungsaspirationen von Eltern mit Migrationshintergrund	86
3.3.1	Forschungsfragen und Hypothesen	86
3.3.2	Variablenbeschreibung	90
3.3.3	Ergebnisse	95
3.3.4	Zusammenfassung	112
4	**Schlussfolgerungen und Diskussion**	115
Literaturverzeichnis		123

Tabellenverzeichnis

Tabelle 1:	Soziale Herkunftseffekte im Wandel: Deskriptive Maßzahlen verwendeter Variablen	53
Tabelle 2:	Soziale Herkunftseffekte im Wandel: Verteilung der Schüler/-innen auf die Schulformen 1969 und 2007	56
Tabelle 3:	Soziale Herkunftseffekte im Wandel: Faktische und kontrafaktische Anteile von Gymnasialübertritten (in Prozent)	57
Tabelle 4:	Soziale Herkunftseffekte im Wandel: Primäre und sekundäre Effekte am Übergang in das Gymnasium	60
Tabelle 5:	Soziale Herkunftseffekte im Wandel: Logistische Regressionsanalyse für den Übergang auf das Gymnasium 1969	65
Tabelle 6:	Soziale Herkunftseffekte im Wandel: Logistische Regressionsanalyse für den Übergang auf das Gymnasium 2007	66
Tabelle 7:	Soziale und ethnische Herkunftseffekte: Deskriptive Maßzahlen verwendeter Variablen	70
Tabelle 8:	Soziale und ethnische Herkunftseffekte: Schulleistungen und Verteilung auf die Sekundarschulformen nach Herkunftsland /-region	74
Tabelle 9:	Soziale und ethnische Herkunftseffekte: Schulleistungen und Verteilung nach Migrationshintergrund und sozialer Herkunft	76
Tabelle 10:	Soziale und ethnische Herkunftseffekte: Faktische und kontrafaktische Anteile von Gymnasialübertritten (in Prozent)	77
Tabelle 11:	Soziale und ethnische Herkunftseffekte: Primäre und sekundäre Effekte am Übertritt in das Gymnasium nach Migrationshintergrund	80
Tabelle 12:	Soziale und ethnische Herkunftseffekte: Kreuztabelle Soziale Klasse und Bildung nach Migrationshintergrund (Spaltenprozente)	81

Tabelle 13:	Soziale und ethnische Herkunftseffekte: Logistische Regressionsanalyse für den Übergang auf das Gymnasium	84
Tabelle 14:	Bildungsaspirationen von Eltern mit Migrationshintergrund: Deskriptive Maßzahlen verwendeter Variablen	93
Tabelle 15:	Bildungsaspirationen von Eltern mit Migrationshintergrund: Strukturelle Bildungschancen im Herkunftsland und individueller Bildungsgrad	96
Tabelle 16:	Bildungsaspirationen von Eltern mit Migrationshintergrund: Erfahrungen mit dem deutschen Schulsystem	100
Tabelle 17:	Bildungsaspirationen von Eltern mit Migrationshintergrund: Relevante Einflussfaktoren spezifisch für die Gruppe türkischer Migranten	102
Tabelle 18:	Bildungsaspirationen von Eltern mit Migrationshintergrund: Fallzahlen nach Herkunftsgruppe in den Erhebungswellen 1 bis 4	107
Tabelle 19:	Bildungsaspirationen von Eltern mit Migrationshintergrund: Entwicklungsverläufe von der dritten bis zur fünften Jahrgangsstufe	111

Abbildungsverzeichnis

Abbildung 1: Bildungsaspirationen von Eltern mit Migrationshintergrund: Entwicklungsverläufe von der dritten bis zur fünften Jahrgangsstufe, Unterscheidung der Herkunftsländer nach dem Tertiärisierungsgrad 108

Abbildung 2: Bildungsaspirationen von Eltern mit Migrationshintergrund: Entwicklungsverläufe von der dritten bis zur fünften Jahrgangsstufe, Unterscheidung nach Migrationshintergrund und Erfahrungen mit dem deutschen Bildungssystem 109

Abbildung 3: Bildungsaspirationen von Eltern mit Migrationshintergrund: Entwicklungsverläufe von der dritten bis zur fünften Jahrgangsstufe, Unterscheidung nach türkischem und anderem Migrationshintergrund 110

Einleitung

Vor etwa fünfzig Jahren wurde in der Bundesrepublik Deutschland die ‚Bildungskatastrophe' ausgerufen (Picht 1964): Die defizitäre Bildungsbeteiligung und große soziale Chancenungleichheit im Zugang zu Bildung wurde als Bedrohung der deutschen Volkswirtschaft und Gefährdung der demokratischen Gesellschaft wahrgenommen (von Carnap und Edding 1962; Dahrendorf 1965). Die von Peisert (1967) geschaffene Kunstfigur des ‚katholischen Arbeitermädchens vom Lande' vereint die zentralen Ungleichheitsdimensionen der damaligen Zeit. In den 1960er und 1970er Jahren unternahm die Bundesrepublik daraufhin große bildungspolitische Reformbemühungen, um die Bildungskrise abzuwenden, was einen weitreichenden Ausbau des Schul- und Hochschulwesens zur Folge hatte.

Während sich im Zuge der Bildungsexpansion politische Diskussionen um Bildungsarmut und Bildungsgerechtigkeit legten, kamen die ernüchternden Ergebnisse der ersten PISA-Studie (*Programme for International Students Assessment*, Deutsches PISA-Konsortium 2001) für die breite Öffentlichkeit recht unvermittelt und lösten den medial wirksam verbreiteten ‚PISA-Schock' aus. Der internationale Kompetenzvergleich von 15-jährigen machte transparent, dass deutsche Schüler/-innen weit weniger erfolgreich abschnitten als gemeinhin angenommen: Deutschland befand sich im Ländervergleich in den hinteren Rängen und wies mit die größten Leistungsdisparitäten entlang sozialer Herkunftsmerkmale auf.

Was seit den 2000er Jahren zum öffentlichen Thema wurde, war wissenschaftlich bereits hinreichend fundiert: Zwar haben geografische Disparitäten bezüglich der Stadt-Land-Unterschiede an Bedeutung verloren (wenngleich sich nach wie vor deutliche Unterschiede zwischen den Bundesländern zeigen), und geschlechtsspezifische Ungleichheiten zuungunsten der Mädchen konnten mehr als ausgeglichen werden, aber trotz der gestiegenen Bildungsbeteiligung auch für Kinder aus unterprivilegierten Sozialschichten kann nur bedingt von einer Chancenangleichung nach sozialer Herkunft die Rede sein (für einen Überblick siehe Allmendinger et al. 2009, siehe auch Henz und Maas 1995). Die Bildungsexpansion hat damit im Wesentlichen einen Niveaueffekt bewirkt, das heißt, eine Verbesserung der Bildungschancen für alle sozialen Herkunftsgruppen (Meulemann 1995). Ein Struktureffekt, also eine Angleichung der Bildungsdisparitäten zwischen den Sozialschichten im Zeitverlauf, ist in Deutschland nur in geringem

Ausmaß zu beobachten (Kalter et al. 2011; Müller und Haun 1994; Schimpl-Neimanns 2000). Da also die relativen Chancen auf Bildungserwerb nach wie vor sehr stark entlang der sozialen Klassenlinien stratifiziert sind, kann in Deutschland von einer hohen Persistenz sozialer Ungleichheit (Blossfeld und Shavit 1993) gesprochen werden.

Ein verhältnismäßig neues Thema der soziologischen Bildungsforschung (siehe z.b. Alba et al. 1994) rückt durch die PISA-Ergebnisse ebenfalls stärker in den Vordergrund: Das schlechte Abschneiden von Jugendlichen mit Migrationshintergrund – auch im internationalen Vergleich (Stanat und Christensen 2006; Walter und Taskinen 2007). Dies zeigte sich auch hinsichtlich der Lesekompetenzen bei Viertklässlern in der ländervergleichenden PIRLS-Studie (*Progress in International Reading Literacy Study*, Schwippert et al. 2007). Schüler/-innen mit Migrationshintergrund brechen in Deutschland zudem häufiger die Schule ab, sind überproportional in den Haupt- und Sonderschulen vertreten, habe große Probleme beim Eintritt in den beruflichen Ausbildungsmarkt und weisen in der Folge höhere (Jugend-) Arbeitslosenraten auf (z.b. Autorengruppe Bildungsberichterstattung 2010).

Der geringere Bildungserfolg von Migranten bzw. von Schüler/-innen mit Migrationshintergrund ist dabei nicht zuletzt ein Ergebnis defizitärer Integrationsmaßnahmen, obgleich Deutschland bereits seit Mitte der 1950er Jahre durch Zuwanderung aus verschiedensten Nationen und damit durch große ethnische Vielfalt geprägt ist. Aufgrund des herrschenden Arbeitskräftemangels wurden Gastarbeiter aus den Mittelmeerländern Griechenland, dem damaligen Jugoslawien, Italien, Spanien, Portugal, Marokko, Tunesien und der Türkei angeworben, von denen, entgegen dem geplanten Rotationsprinzip, viele dauerhaft in Deutschland verlieben sind und ihre Familien nachholten. Dabei stellt die türkische Bevölkerung die zahlenmäßig größte und die am stärksten benachteiligte Zuwanderergruppe dar. Neben den ehemaligen Gastarbeitern ist die Einwanderung nach Deutschland insbesondere nach dem Zusammenbruch der Sowjetunion durch die Gruppe der (Spät-) Aussiedler geprägt sowie durch verschiedene Flüchtlingsströme. Trotz der deutlich wachsender Bevölkerungszahlen von Migranten und deren Nachkommen[1] leugnete Deutschland bis Ende der 1990er Jahre, ein Einwanderungsland zu sein, was mit jahrzehntelang ausbleibender Integrationspolitik einherging. Erst mit dem Regierungswechsel 1998 setzte ein

---

1   Anstieg der ausländischen Wohnbevölkerung von 4,3% im Jahr 1970 (altes Bundesgebiet) auf 9,0% im Jahr 2011 (Gesamtdeutschland) (Statistisches Bundesamt 2011). Bevölkerung mit Migrationshintergrund an der Gesamtbevölkerung 2010: 19,3% (6,8% Ausländer mit eigener Migrationserfahrung, 1,9% Ausländer ohne eigene Migrationserfahrung, 6,1% Deutsche mit eigener Migrationserfahrung, 4,4% Deutsche ohne eigene Migrationserfahrung) (Statistisches Bundesamt 2010).

Wandel in der Migrations- und Integrationspolitik ein, welche 2000 in einem gelockerten Staatsbürgerschaftsrecht und 2005 im ersten Zuwanderungsgesetz Deutschlands mündeten. Trotz mittlerweile angestrengter Integrationsmaßnahmen sind die Versäumnisse der vorangegangenen Jahrzehnte jedoch nur schwer auszugleichen. Die damalige Rekrutierung von Gastarbeitern zielte speziell auf gering qualifizierte Berufsbereiche ab, so dass insbesondere diese Zuwanderer hinsichtlich ihrer Qualifikation deutlich negativ selektiert sind. Aufgrund der über lange Zeit ausbleibenden Integrationsbemühungen setzt sich dieses Bild bis heute fort: Wenngleich soziale Aufstiege bis zu einem gewissen Grad feststellbar sind, so gehören dennoch etwa die Hälfte der ehemaligen Gastarbeiter und deren Nachkommen der Arbeiterklasse als Un- und Angelernte an (Geißler 2006).

Die Kunstfigur des ‚katholischen Arbeitermädchens vom Lande' hat sich daher im Laufe der letzten Jahrzehnte zum ‚Unterschichtjungen mit Migrationshintergrund aus den Ballungszentren' gewandelt oder nach Allmendinger et al. (2009) zum ‚Hartz-IV-Migrantensohn'. Im Fokus dieser Arbeit stehen zwei der in diesen Kunstfiguren angesprochenen zentralen Ungleichheitsdimensionen im Bildungsprozess: die soziale Herkunft und die ethnische Herkunft bzw. der Migrationshintergrund. Dabei ist Letzteres keine unabhängige Größe, sondern vielmehr als ein Spezialfall sozialer Bildungsungleichheiten zu betrachten (Kalter 2005).

Um der sozialen wie auch ethnischen Bildungsungleichheit zugrunde liegende Wirkmechanismen besser zu verstehen, hat sich das Konzept der primären und sekundären Herkunftseffekte nach Boudon (1974) als sehr nützlich erwiesen. Unter primären Effekten versteht man dabei die Leistungsunterschiede von Schüler/-innen, die durch deren soziale Herkunft bestimmt sind; sekundäre Effekte hingegen beschreiben ein über Leistungsdisparitäten hinaus wirkendes sozial abhängiges Entscheidungsverhalten, was insbesondere an den zentralen Bildungsübergängen beobachtbar ist.

Der wichtigste Bildungsübergang im deutschen Schulsystem ist der von der Primar- in die Sekundarstufe, da hier bedeutende Weichen für die gesamte Bildungslaufbahn gestellt werden. In der Mehrzahl der Bundesländer wechseln die Schüler/-innen bereits im Alter von zehn Jahren nach der vierten Grundschulklasse in das gegliederte Schulsystem. Nach dem Übergang sind zwar in gewissem Umfang Abstiege in weniger anspruchsvolle Schularten zu verzeichnen, Aufstiege aber kaum (siehe z.B. Stubbe 2009). Folglich wird an diesem Bildungsübergang eine Entscheidung mit langfristigen Konsequenzen getroffen, die zugleich durch große Unsicherheit gekennzeichnet ist, da eine Abschätzung des zukünftigen Leistungspotentials eines Kindes zu einem solch frühen Zeitpunkt nur schwer möglich ist (Blossfeld und Shavit 1993). Die frühe Entscheidung selektiert auch all jene Kinder aus, die aus familialen und sozialen Gründen zu diesem Zeitpunkt noch nicht ihr optimales Leistungspotenzial entwickelt haben.

Diese ‚sensible Phase' (Blossfeld 1988) des Übergangs mit ihren weitreichenden Folgen für die Zuweisung von Bildungschancen im Lebensverlauf stellt den zeitlichen Rahmen der vorliegenden Arbeit dar. Unter Rückgriff auf Boudons Ansatz werden zwei wesentliche Untersuchungsschwerpunkte gesetzt:

Erstens soll gezeigt werden, ob und inwiefern sich soziale Herkunftseffekte im Laufe der Bildungsexpansion verändert haben: Zwar findet das theoretische Konzept Boudons zunehmend auch empirische Anwendung, jedoch sind zeitvergleichende Studien sehr rar (Deutschland: Becker 2010c, Becker 2012; Klein et al. 2010; Schindler und Lörz 2011; Schindler und Reimer 2010; Niederlande: Kloosterman et al. 2009; Schweden: Erikson und Jonsson 1996). Während von einer insgesamt hohen Stabilität der Bedeutung sozialer Herkunft auszugehen ist, finden sich Hinweise darauf, dass an der Schwelle zur Sekundarstufe die soziale Selektivität leicht zurückgegangen ist, was auf eine Schwächung sekundärer Effekte zurückgeführt wird (Becker 2010c). Diesem bislang kaum überprüften Befund soll anhand zweier hessischer Stichproben aus den Jahren 1969 und 2007 nachgegangen werden.

Das zweite Forschungsinteresse dieser Arbeit betrifft die ungleichen Bildungsmuster von Kindern mit Migrationshintergrund. Seit der jüngsten Vergangenheit wird das theoretische Konzept der primären und sekundären Effekte auch auf den Spezialfall der Migranten übertragen. Bislang liegen jedoch nur wenige empirische Befunde vor, die migrantenspezifische Bildungsmuster hinsichtlich der beiden Wirkmechanismen untersucht haben (Becker und Schubert 2011; Dollmann 2010; Gresch 2012; Kristen und Dollmann 2009). Daher wird der Frage nachgegangen, welche relative Bedeutung primäre und sekundäre Effekte bei Familien mit Migrationshintergrund im Vergleich zu einheimischen Familien haben. Während einerseits primäre Effekte bei Migranten besonders wirksam sein sollten, indem neben dem häufig niedrigerem sozialen Hintergrund zusätzliche Nachteile im Leistungserwerb, wie etwa sprachliche Defizite, eine Rolle spielen können, so gibt es andererseits Hinweise darauf, dass Migranten eine höhere Neigung aufweisen, anspruchsvolle Schulformen anzustreben als Einheimische. Die Umsetzung der überdurchschnittlich hohen Bildungsaspirationen wird allerdings durch ihre vergleichsweise schlechteren Schulleistungen eingeschränkt. Neben der Prüfung dieses Zusammenhangs soll den Wirkmechanismen, die den ambitionierten Bildungszielen von Migranten zugrunde liegen, besonderes Augenmerk geschenkt werden, da es hierzu national wie auch international bislang kaum empirisch fundierte Untersuchungen gibt.

Die Arbeit ist dabei wie folgt aufgebaut: Nach einer Einführung in Boudons (1974) Konzept der primären und sekundären Herkunftseffekte wird auf theoretische Argumentationen und Forschungsergebnisse eingegangen (Kapitel 2). Dies erfolgt mit starker Fokussierung auf die im empirischen Teil der Arbeit untersuchten Forschungsfragen. Anschließend werden die verwendeten Datensätze und statistischen Methoden beschrieben (Kapitel 3).

In Kapitel 4 folgen die empirischen Untersuchungen dieser Arbeit: Kapitel 4.1. geht der Frage nach, ob und inwiefern sich die Bedeutung von primären und sekundären Effekten am Übergang in die Sekundarstufe seit Beginn der Bildungsexpansion verändert hat. In Kapitel 4.2. folgen Analysen zur Bedeutung primärer und sekundärer Effekte in Familien mit Migrationshintergrund in Relation zu einheimischen Familien. Kapitel 4.3. befasst sich daraufhin speziell mit Determinanten und Entwicklungsverläufen der Bildungsaspirationen von Familien mit Migrationshintergrund.

Diese drei empirischen Kapitel sind jeweils folgendermaßen gegliedert: Zuerst werden die aus Theorie und dem Forschungsstand abgeleiteten Untersuchungsfragen und Hypothesen spezifiziert. Nach einer Beschreibung der jeweils verwendeten Variablen folgen die Darstellung der empirischen Analysen und eine kurze Zusammenfassung der zentralen Ergebnisse.

In Kapitel 5 werden die erbrachten empirischen Befunde schlussfolgernd integriert und diskutiert.

1 Theoretischer Hintergrund und Forschungsstand

Im Folgenden werden die zur Beantwortung der Forschungsfragen zentralen theoretischen Konzepte und empirischen Befunde dargestellt.[2] Zuerst wird in Kapitel 2.1. auf Boudons (1974) Unterscheidung zwischen primären und sekundären Effekten sozialer Herkunft eingegangen. Im Anschluss daran stehen Argumentationen und Befunde zum historischen Wandel sozialer Herkunftseffekte während der Bildungsexpansion im Vordergrund (Kapitel 2.2). Daraufhin wird das Konzept primärer und sekundärer Effekte auf Familien mit Migrationshintergrund übertragen (Kapitel 2.3) und die in diesem Zusammenhang bedeutsame Rolle der Bildungsaspirationen bei Migranten diskutiert (Kapitel 2.4).

1.1 Primäre und sekundäre Herkunftseffekte

Vor fast vierzig Jahren führte Boudon (1974) die Unterscheidung zwischen primären und sekundären Effekten der sozialen Herkunft ein. Diese theoretische Unterscheidung prägt bis heute die empirischen Analysen zur Erforschung herkunftsbedingter Bildungsungleichheiten. Nach Boudon (1974) lassen sich soziale Ungleichheiten im Bildungssystem auf zwei Wirkmechanismen zurückführen:

Herkunftsbedingte Leistungsunterschiede bestehen aufgrund klassenspezifischer Sozialisationsprozesse, bedingt durch unterschiedliche Ressourcenausstattung im Elternhaus (ökonomisch, kulturell und sozial), differenzielle kognitive und motivationale Förderung der Eltern sowie aufgrund unterschiedlicher genetischer Bedingungsfaktoren. Folglich haben Kinder aus den unteren sozialen Schichten häufiger schlechtere Schulleistungen als solche, deren Familien einen vergleichsweise höheren Sozialstatus und Bildungshintergrund aufweisen. Kinder aus sozial schwachen Elternhäusern haben daher von vorneherein schlechtere Ausgangsbedingungen für ihre Schullaufbahn. Diese Zusammenhänge bezeichnet Boudon als primären Effekt der sozialen Herkunft. Soziale Leistungsdisparitäten zu einem bestimmten Zeitpunkt in der Bildungskarriere können dabei als

---

2   Die folgenden Ausführungen wurden in großen Teilen den folgenden Publikationen entnommen: Relikowski und Meulemann 2012; Relikowski et al. 2009; Relikowski et al. 2010; Relikowski et al. 2012.

Ergebnis vorangegangener Investitionen in den Kompetenzerwerb betrachtet werden, die durch sozial abhängige Opportunitäten und Restriktionen bestimmt sind (Esser 2006).

Neben diesen primären, über die Schulleistungen vermittelten Disparitäten wirken darüber hinaus sekundäre Herkunftseffekte, welche sich in sozial abhängigen Bildungsentscheidungen zeigen. Selbst wenn sich primäre Effekte z.b. durch ein leistungsstarkes Primarschulsystem nivellieren ließen, würde die anschließende Bildungsbeteiligung klassenspezifisch verlaufen. Das heißt, unabhängig von der schulischen Performanz ihrer Kinder entscheiden sich sozial privilegierte Eltern für anspruchsvollere Schularten, während weniger gut situierte Familien mit höherer Wahrscheinlichkeit niedrigere Bildungswege wählen. Basierend auf Boudons (1974) theoretischen Konzepten kam es im vergangenen Jahrzehnt verstärkt zu einer differenzierten Entwicklung entscheidungstheoretischer Modelle elterlicher Bildungswahl. Insbesondere Erikson und Jonsson (1996), Breen und Goldthorpe (1997) wie auch Esser (1999; 2000) haben wichtige Beiträge zur Erklärung sekundärer Herkunftseffekte geleistet. Meulemann (1985: 96) beschreibt das sozial abhängige Entscheidungsverhalten folgendermaßen:

„Der Besuch einer Realschule oder eines Gymnasiums bedeutet in oberen Klassenlagen für die Eltern geringere materielle und persönliche Opfer; gleichzeitig ist der Besuch dieser Schulen in den oberen Klassen um der Konformität mit dem sozialen Milieu und um des Statuserhalts willen viel stärker erfordert."

Sekundäre Effekte werden nach den Modellen der Bildungswahl demnach so erklärt, dass die Akteure – im Falle des Sekundarschulübertritts die Eltern – die Entscheidung auf Basis einer subjektiven Kosten-Nutzenabwägung hinsichtlich der verschiedenen weiterführenden Schulformen treffen. Die Kalkulation erfolgt schichtspezifisch, indem Eltern mit höherem sozialem Status den Ertrag höherer Bildung sowie die Erfolgswahrscheinlichkeiten des Kindes auf einer anspruchsvolleren Schulform wie dem Gymnasium aufgrund der eigenen Bildungserfahrung höher einschätzen und gleichzeitig die Kosten solch einer Schullaufbahn als vergleichsweise gering bewerten.

Ein zentraler Aspekt in diesem Entscheidungsprozess ist das Motiv des Statuserhalts: Familien haben hinsichtlich der Schulbildung ihres Kindes ein großes Interesse daran, mindestens den eigenen sozialen Status zu erhalten. Folglich sind Familien mit höherem sozialem Hintergrund bestrebt, ihren Kindern die bestmögliche Schulbildung zu bieten, um einen intergenerationalen Statusverlust zu verhindern. Mit Blick auf Deutschland bedeutet das die Hochschulreife, die nach wie vor auf direktem Wege nur über einen Gymnasialbesuch bewerkstelligt werden kann. In sozial schwächeren Familien wird der Statuserhalt schon über den Besuch weniger anspruchsvoller Schulzweige erreicht. Dies mindert deren

Motivation, ihren Kindern eine kostenintensivere und verlängerte Ausbildung zu bieten. Somit sind die Bildungsaspirationen von Eltern höherer Sozialschichten wesentlich ambitionierter als etwa von Eltern der Arbeiterklasse, für die das wahrgenommene Investitionsrisiko eines Gymnasialbesuchs die Bildungsmotivation übersteigt (Esser 1999).

Zusammenfassend kann festgehalten werden: Die Reproduktion von Bildungsungleichheiten (Inequality of Educational Opportunity = IEO) erklärt sich einerseits durch primäre Effekte, welche *indirekt* über die sozial abhängigen Schulleistungen auf Bildungsübergänge wirken, und durch sekundäre Effekte als *direkte* Einflüsse der sozialen Herkunft auf die Bildungsentscheidung der Eltern, weshalb diese insbesondere an den zentralen Schnittstellen im Bildungssystem, wie etwa dem Sekundarschulübertritt, sichtbar werden (Boudon 1974: 29-31; Meulemann 1985: 87-90).

Die Intensität und relative Bedeutung der beiden Herkunftseffekte implizieren dabei ganz unterschiedliche politische Maßnahmen, weswegen sowohl eine theoretische als auch eine analytische Unterscheidung zwischen primären und sekundären Ungleichheiten bedeutsam ist. Beispielsweise könnten bei starken primären Effekten ein Ausbau des Vorschulbereichs und von Ganztagsschulen geringes elterliches Unterstützungs- und Förderpotenzial zumindest teilweise kompensieren. Bei hohen sekundären Effekten stehen dagegen Maßnahmen zur Reduktion der Bildungskosten für finanzschwache Eltern oder die bessere Vermittlung der Erfolgsaussichten zur Debatte.

1.2 Soziale Herkunftseffekte im Wandel

Ein historischer Wandel der primären und sekundären Effekte im Zuge der Bildungsexpansion kann sich einerseits aus dem Wandel der Bedingungen im Elternhaus, andererseits aus dem Wandel der schulischen Institutionen ergeben haben. Auf beides soll im Folgenden eingegangen werden.

Veränderung familialer und gesellschaftlicher Bedingungen

Inwiefern primäre Effekte wirksam sind, ist sehr stark vom betrachteten Bildungsübergang im Lebenslauf und der für den jeweiligen Übergang in Frage kommenden Population abhängig. Vor allem beim Übertritt in die verschiedenen Sekundarschulformen spielen primäre Effekte eine gewichtige Rolle, da die schulische Performanz der Grundschüler/-innen noch sehr heterogen ist. Die Ergebnisse aktueller Studien variieren dabei, je nach Stichprobe und Analysemethode, um einen Anteil von etwas weniger und etwas mehr als der Hälfte des

Gesamteffekts sozialer Herkunft (Becker 2009; Maaz und Nagy 2010; Müller-Benedict 2007; Neugebauer 2010; Relikowski et al. 2010; Stocké 2007b). Nach dieser Selektion in die verschiedenen Schullaufbahnen wird die Schülerschaft innerhalb der Schulformen leistungshomogener, wodurch bei späteren Übergängen, z.b. bei der Entscheidung für ein Hochschulstudium primären Effekten nur noch eine untergeordnete Bedeutung zukommt (Schindler und Lörz 2011).

Prinzipiell ist nicht davon auszugehen, dass primäre Effekte – egal ob am entscheidenden Wechsel in den Sekundarbereich oder an späteren Übergängen – einem merklichen Wandel unterworfen sind, da für den zentralen Sozialisationsort Familie eine hohe Stabilität in den Wirkweisen sozial bedingter Ressourcenausstattungen zu erwarten ist. Das heißt, dass trotz grundlegender anteiliger Verschiebungen der sozialen Herkunftsgruppen im Verlaufe der Bildungsexpansion die Disparitäten zwischen den Sozialschichten mit Blick auf das differenzielle kognitive Förderpotenzial in den Familien weitgehend konstant geblieben sein sollten (Klein et al. 2010).

Ein Argument, das dennoch für eine Reduktion primärer Effekte im Zeitverlauf sprechen könnte, besteht in der zunehmenden Kindergartenpartizipation und damit der außerhäuslichen frühkindlichen Förderung. Es könnte davon ausgegangen werden, dass sich der Ausbau des Kindergartenbereichs und die zunehmende Inanspruchnahme vorschulischer Betreuungseinrichtungen positiv auf die Leistungen von Kindern bildungsferner Schichten ausgewirkt haben und somit der Kindergartenbesuch kompensatorische Wirkung auf primäre Herkunftseffekte hat. Es hat sich allerdings gezeigt, dass die Kindergartenpartizipation in Deutschland nach wie vor sozial selektiv ist, wohl nicht zuletzt aufgrund der Tatsache, dass der Kindergarten in Deutschland kostenpflichtig und freiwillig ist. Damit sind der Kindergartenbesuch und die Dauer dieses an eine (der Schule zeitlich vorgelagerte) subjektive Kosten-Nutzen-Abwägung der Eltern gebunden (Kratzmann und Schneider 2008).

Eine für Deutschland besonders hohe Persistenz sozialer Leistungsdisparitäten bestätigt die Studie von Becker (2010c) für Sekundarschulübertritte zwischen 1966 und 1982, während etwa in Schweden primäre Effekte am Übergang in die höhere Sekundarstufe im Kohortenverlauf deutlich abgenommen haben (Erikson und Rudolphi 2010). Dies sollte u.a. dem Umstand geschuldet sein, dass Schweden soziale Ungleichheiten in der Einkommens- und damit der Ressourcenverteilung erfolgreich abbauen konnte. Gleichzeitig führte eine umfassende Reform des Vorschulbereichs – sowohl in quantitativer als auch qualitativer Hinsicht – zu einer sehr hohen Kindergartenpartizipation ab dem Alter von drei Jahren, welche folglich, anders als in Deutschland, nicht durch soziale Selektivität gekennzeichnet ist (Erikson und Rudolphi 2010).

Da in Deutschland dennoch eine (leichte) Abnahme der sozialen Bildungsdisparitäten zu beobachten ist, sollte diese also weniger aus einer Reduktion der

1.2 Soziale Herkunftseffekte im Wandel

primären, sondern vielmehr der sekundären Effekte resultieren. Befunde von Becker (2010c) bestätigen dies am Sekundarschulübertritt und auch Klein et al. (2010) führen die Abnahme sozialer Disparitäten beim Erlangen der Hochschulreife auf eine Reduktion sekundärer Herkunftseffekte zurück. Für eine Abnahme des sekundären Effekts im Verlauf der Bildungsexpansion sprechen folgende Argumente:

Der Elternwille bei der Schulformwahl sollte seit Ende der 1960er Jahre mit Anhebung der Vollzeitschulpflicht auf mindestens neun Jahre weniger durch differenzielle Bildungs- und Opportunitätskosten bestimmt sein. Dies betrifft insbesondere die Realschullaufbahn mit nur einem zusätzlichen Schuljahr im Vergleich zu einem Hauptschulbesuch. Darüber hinaus sollten (in Zukunft) die aktuellen Reformen zur Kürzung der Gymnasialzeit von neun auf acht Jahre auch zu einer Reduktion der wahrgenommenen Kosten der höchsten allgemeinbildenden Schullaufbahn beitragen. Generell sollte eine Kosteneinschätzung allein aufgrund der allgemeinen Wohlstandssteigerung der letzten Jahrzehnte mittlerweile weniger Relevanz für Übertrittsentscheidungen besitzen (Klein et al. 2010).

Des Weiteren kann mit einer veränderten Ertragserwartung hinsichtlich des Bildungsgrades argumentiert werden. Aufgrund der sich wandelnden Erwerbsstruktur hin zu Berufen, welche verstärkt höherwertige Schulabschlüsse erfordern, sollten sich die Bildungsaspirationen auch der niedrigeren Sozialschichten erhöht haben. Durch die öffentlich stark diskutierte Abwertung des Hauptschulabschlusses und der gestiegenen Bildungsansprüche von Arbeitgebern gegenüber Auszubildenden sollte der Stellenwert höherer Schulabschlüsse für alle Herkunftsschichten gewachsen sein. Viele attraktive Ausbildungen sind nunmehr allein über einen Realschulabschluss oder sogar über ein Abitur zugänglich, so dass die Entscheidung für das Gymnasium bei Familien mit niedrigerem Sozialstatus nicht zwangsläufig an Hochschulaspirationen gekoppelt ist, sondern möglicherweise vielmehr als notwendiger Weg zu einer guten (dualen) Berufsausbildung erachtet wird (Mayer et al. 2007).

Ergänzend sollten sich sekundäre Effekte aufgrund der veränderten Stellung der Mädchen im Bildungsprozess reduziert haben. Wie aktuelle Forschungsergebnisse von Becker (2012) zeigen, sind die ehemals schlechteren Bildungsergebnisse von Mädchen nicht auf schwächere Schulleistungen zurückzuführen – ganz im Gegenteil: Es finden sich Hinweise darauf, dass bereits Schülerinnen der Geburtskohorte 1939-41 bessere Schulleistungen aufwiesen als Jungen. Becker und Müller (2011) kommen zu dem Ergebnis, dass die Schlechterstellung der Mädchen allein auf geschlechtsspezifische sekundäre Effekte zurückzuführen ist, d.h., Bildungsentscheidungen für höherwertige Abschlüsse wurden zugunsten der Jungen getroffen, obgleich diese durchschnittlich schwächere schulische Leistungen zeigten. Dieser geschlechtsspezifische Unterschied aufgrund von sekundären Disparitäten konnte im Verlauf der letzten Jahrzehnte vollständig abgebaut werden, so dass sich nun der Leistungsvorteil von Mädchen (als geschlechtsspezifischer primärer Effekt) auch in vergleichsweise besseren Bildungsresultaten widerspiegelt.

Verschiedene gesellschaftliche Entwicklungen haben zum Ausgleich sekundärer Effekte zwischen den Geschlechtern geführt: Die Erwerbsmöglichkeiten haben sich aufgrund der Expansion des öffentlichen Sektors und der Dienstleistungsberufe für Frauen deutlich verbessert – auch im Hinblick auf die Vereinbarkeit von Familie und Beruf, weshalb die Nutzenerwartung höherer Bildungsabschlüsse angestiegen ist. Gleichzeitig ist mit Einführung der Antibabypille und der dadurch ermöglichten besseren Planbarkeit des eigenen Lebensentwurfs das Investitionsrisiko in längere Bildungswege gesunken (Becker 2012; Becker und Müller 2011). Indem über die Generationen hinweg die steigende Zahl erwerbstätiger Frauen und Mütter das traditionelle ‚Male Breadwinner'-Modell aufgeweicht haben, schwand zunehmend die Einstellung, dass Mädchen keiner höheren Bildung bedürfen. Während sich sowohl für Mädchen als auch für Jungen in allen sozialen Herkunftsschichten die Bildungsmöglichkeiten verbessert haben, stellen Becker und Müller (2011) darüber hinaus fest, dass insbesondere Mädchen der Arbeiterklasse die Jungen gleicher Sozialschicht überholt haben. Es ist davon auszugehen, dass diese Entwicklung hin zu ambitionierteren Bildungsentscheidungen zugunsten von Töchtern auch insgesamt eine abschwächende Wirkung auf sekundäre Herkunftseffekte im Zeitverlauf hatte.

Eine weitere Veränderung im Zuge der Bildungsexpansion könnte sich hinsichtlich der Herkunftsmerkmale soziale Klassenzugehörigkeit und Bildungsgrad ergeben haben. Auf der einen Seite reflektiert die Klassenzugehörigkeit die verfügbaren ökonomischen Ressourcen des elterlichen Haushalts und sollte sich deshalb auf die subjektive Einschätzung direkter und indirekter Bildungskosten auswirken. Auf der anderen Seite kann sich der Bildungsstand einer Familie auf die erwarteten Erfolgswahrscheinlichkeiten auswirken: Je nach eigenem Bildungsabschluss ist es den Eltern mehr oder minder möglich, ihr Kind bei den schulischen Anforderungen zu unterstützen. Dies sollte wiederum die Einschätzung beeinflussen, wie hoch die Wahrscheinlichkeit des Bildungserfolgs in einem bestimmten Schultyp ist. Zugleich kann davon ausgegangen werden, dass das Motiv des Statuserhalts als wesentlicher Mechanismus sekundärer Effekte sowohl bezüglich der sozialen Klassenposition als auch im Hinblick auf den Bildungshintergrund bedeutsam sein sollte. Neben dem Ziel, den ökonomischen Status zu erhalten, ist davon auszugehen, dass Eltern ebenso danach streben, das in der Familie erreichte Bildungsniveau zu reproduzieren (vgl. Ditton 2007).

Für einen Vergleich der beiden Herkunftsmerkmale Klassenposition und Bildungszugehörigkeit nehmen Müller und Haun (1994) an, dass das Bildungsniveau der Eltern heute eine größere Bedeutung für die Chancenzuweisung der Kinder im Bildungssystem hat, während Wohlstandssteigerung sowie sinkende

Bildungskosten zu geringeren Bildungsdisparitäten nach dem sozioökonomischen Status geführt haben. Becker und Lauterbach (2010: 22) bestätigen dies indem sie zeigen, dass sich die Mittelschicht in ihren Bildungsentscheidungen für eine weiterführende Schulform der Oberschicht angeglichen hat. Dies sollte wiederum nicht unabhängig von der betrachteten Phase im Lebensverlauf sein, denn gerade in den ersten Jahren der Bildungslaufbahn sind nach Befunden von Erikson und Jonsson (1996) die Bildungskosten für Eltern noch von geringerer Bedeutung (siehe auch Schneider 2004; Stocké 2007a; Ditton 2007). Becker (2006: 37) vermutet darüber hinaus, dass „eine erneute soziale Schließung der Gymnasien – statt nach sozioökonomischen Ressourcen nunmehr nach Bildung – im Gange ist." Die Bildungsexpansion könnte damit nicht nur den sekundären Effekt verringert, sondern auch in seiner Wirkungsweise verändert haben, indem das elterliche Bildungsniveau zunehmend zum Orientierungspunkt der Schullaufbahnentscheidungen für ihre Kinder wird und der Berufsstatus in den Hintergrund tritt.

Veränderung institutioneller Rahmenbedingungen

Globaler betrachtet bewegt sich das elterliche Entscheidungskalkül in dem Entscheidungsspielraum, den Institutionen den Eltern setzen. Dieser ist durch die Gliederung des Schulwesens und durch die Übertrittsregelungen bestimmt. Da das deutsche Schulsystem sich weitgehend konstant durch seine Dreigliedrigkeit und der damit verbundenen weitreichenden Bildungsentscheidung bereits nach dem vierten Grundschuljahr auszeichnet, sollte sich hinsichtlich der Unsicherheit der Eltern bei solch einer frühen Bildungsentscheidung wenig verändert haben.

In einzelnen Bundesländern wurde zwar die Grundschule auf sechs Jahre ausgeweitet (Berlin und Brandenburg), jedoch ist bislang kein eindeutiger Befund erbracht worden, dass solch ein Aufschub des Eintritts in das gegliederte Schulsystem um zwei Jahre zu einer Reduktion sozialer Ungleichheit (sowohl hinsichtlich primärer als auch sekundärer Effekte) führt (Baumert u.a. 2009; Büchner und Koch 2002; Lehmann und Lenkeit 2008; Merkens et al. 1997).

In anderen Bundesländern wurde durch den Ausbau von Gesamtschulen (z.B. Hessen) die Möglichkeit geschaffen, die Wahl einer Sekundarschulform noch einige Zeit hinauszuzögern. Hier könnte ein vergleichsweise schwächerer sekundärer Effekt für den Übertritt nach der vierten Klasse vermutet werden, da ein beträchtlicher Teil der Eltern diese Entscheidung durch den Besuch integrierter Schulformen (IGS oder Förderschule) aufschiebt. Eine große Schnittmenge an künftigen Absolventen verschiedener Abschlüsse unterschiedlicher sozialer Herkunft besucht zunächst diese offenen Schulformen, wodurch soziale Ungleichheiten schwächer ausgeprägt sind. Fend (2008) zeigt jedoch, dass die geringere Auslese durch die alternative Option der Gesamtschule nur einen kurzweiligen Effekt hat und sich langfristig nicht in einer Reduktion sozialer Bildungsungleichheit niederschlägt.

Hinsichtlich geltender Übertrittsregelungen ist insbesondere zu unterscheiden, ob eine verbindliche Empfehlung der Grundschullehrkraft die Bildungsentscheidung maßgeblich determiniert oder ob das elterliche Bestimmungsrecht gilt. Dies wird in den Bundesländern unterschiedlich gehandhabt. Zwar ist nicht davon auszugehen, dass Empfehlungen durch die Lehrkraft allein meritokratischen Prinzipien folgen und damit über Leistung und non-kognitive Fähigkeiten hinaus die soziale Herkunft der Schüler/-innen unberücksichtigt lassen (Schneider 2011), jedoch kann angenommen werden, dass elterliche Bildungsentscheidungen zu größerer sozialer Selektivität führen als die von Lehrkräften (vgl. Ditton et al. 2005). Dollmann (2011) zeigt für Nordrhein-Westfalen, dass nach Einführung einer verbindlichen Übertrittsempfehlung die Übergänge in die Sekundarstufe weniger sozial selektiv ausfallen als während des vormals geltenden elterlichen Bestimmungsrechts. Das heißt, dass von einem Einfluss institutioneller Veränderungen in der Verbindlichkeit von Grundschulempfehlungen auf die Höhe sekundärer Herkunftseffekte auszugehen ist. Bei freiem Elternwillen in der Schulformwahl sollten die sekundären Effekte stärker wirksam sein. Der Zusammenhang zwischen Verbindlichkeitsgrad der Übertrittsempfehlung und der Bildungsentscheidung wird jedoch in der Fachliteratur kontrovers diskutiert, da entsprechende Studien zum einen sehr rar sind und zum anderen zu sehr uneinheitlichen Ergebnissen gelangen (siehe Gresch et al. 2010).

1.3 Soziale und ethnische Herkunftseffekte bei Familien mit Migrationshintergrund

Die Diskussionen sozialer Ungleichheiten im Bildungssystem können heute unter Ausklammerung des Themas Migration nicht mehr sinnvoll geführt werden. Familien mit Migrationshintergrund stellen in Deutschland eine zunehmend große Bevölkerungsgruppe dar, die im Durchschnitt besonders nachteilige Bildungsergebnisse erzielt. Die Beschreibung und Erklärung der migrationsbedingten Disparitäten im Bildungserfolg stellt seit etwa Mitte der 1990er Jahre ein zunehmend beachtetes Thema in der Forschungslandschaft dar (z.B. Alba et al. 1994). Besondere (öffentliche) Aufmerksamkeit erregten die Ergebnisse der internationalen Vergleichsstudien PISA (z.B. Stanat und Christensen 2006) und PIRLS (z.B. Schwippert et al. 2007), die den durchschnittlich geringen Leistungsstand von Migranten in Deutschland – auch in Relation zu Einwanderern in vielen anderen Ländern – transparent machten.

In der Literatur wurden verschiedene theoretische Ansätze zur Erklärung ethnischer Bildungsungleichheit aufgeworfen, jedoch werden diese häufig parallel und unverbunden diskutiert sowie empirisch überprüft. Neben dem sehr uneinheitlichen Einbezug von Drittvariablen stellt nicht zuletzt stellt die unklare Definition des Migrationshintergrunds eine große Herausforderung dar, eine gewisse Vergleichbarkeit zwischen verschiedenen empirischen Untersuchungen herzustellen. Je nach spezifischer Fragestellung und Verfügbarkeit von Daten variieren Operationalisierungen hinsichtlich der Berücksichtigung verschiedener Einwanderergenerationen, Herkunftsländer und der Indikatoren, auf deren Grundlage ein Migrationshintergrund festgestellt wird, wie etwa das Geburtsland oder/und die vorwiegend gesprochene Sprache sowie die Staatsangehörigkeit.

In den letzten Jahren setzt sich zunehmend das theoretische Konzept primärer und sekundärer Effekte durch, um ungleiche Bildungsmuster nach Migrationshintergrund aufzuklären (Becker und Schubert 2011; Dollmann 2010; Esser 2011; Gresch 2012; Heath und Brinbaum 2007; Kristen und Dollmann 2009; Van de Werfhorst und Van Tubergen 2007). Im Folgenden soll der Ansatz primärer und sekundärer Effekte ethnischer Herkunft nach Kristen und Dollmann (2009) sowie Dollmann (2010) dargestellt und auf ausgewählte empirische Befunde bezogen werden (siehe zusammenfassend auch Kristen und Dollmann 2012).

Primäre Effekte sozialer und ethnischer Herkunft

Kristen und Dollmann (2009) unterscheiden zwischen primären Effekten *sozialer* Herkunft und primären Effekten *ethnischer* Herkunft.

Primäre Effekte *sozialer* Herkunft sollten bei Migranten in Deutschland von vergleichsweise großer Bedeutung sein, da viele Einwanderer aufgrund ihrer Historie als ehemalige Gastarbeiter in Deutschland hinsichtlich ihrer sozialen Herkunft in Relation zur Bevölkerung der Aufnahmegesellschaft negativ selektiert sind. Die Gastarbeiteranwerbung der 1960er und 1970er Jahre zielte auf eine Rekrutierung von Arbeitnehmern in niedrig qualifizierten Berufsbereichen ab, was sich in der sozialen Komposition der Einwanderer deutlich bemerkbar macht. Dies betrifft insbesondere die Gruppe türkischer Einwanderer als zugleich größte Migrantengruppe in Deutschland. Aufgrund ihrer Herkunft aus meist ländlichen Regionen der Türkei weist speziell die erste Einwanderergeneration häufig nur ein sehr geringes Bildungsniveau auf.

Ein Großteil der Leistungsnachteile von Kindern mit Migrationshintergrund lässt sich dementsprechend auf soziale Unterschiede in der Ressourcenausstattung und damit in den Investitions- und Fördermöglichkeiten der Familien zurückführen – also auf primäre Effekte sozialer Herkunft (z.B. Dollmann 2010; Kristen 2008; Müller und Stanat 2006; Stanat et al. 2010a). Leistungsdisparitäten bei Migranten können demnach als Spezialfall sozialer Herkunftseffekte betrachtet werden (vgl. Kalter 2005). Jedoch bleiben auch nach Berücksichtigung der sozialen Herkunft teilweise signifikante Leistungsdisparitäten zwischen autochthonen und allochthonen Kindern bestehen. Im deutschen Kontext konnten diese zusätzlichen Nachteile vor allem für die Gruppe türkischer Migranten aufgezeigt werden (z.b. Segeritz et al. 2010; Stanat et al. 2010a). Wirkmechanismen der Entstehung von Leistungsunterschieden, die nicht an soziale Disparitäten, sondern an die spezifischen Umstände der Migration gekoppelt sind, subsumieren Kristen und Dollmann (2009; 2012) unter dem Begriff der primären Effekte *ethnischer* Herkunft. Es wird davon ausgegangen, dass primäre Effekte sozialer Herkunft durch primäre Effekte ethnischer Herkunft verstärkt werden. Der Ansatz integriert dabei eine Reihe von Einzelhypothesen, die in der Literatur zur Erklärung der Leistungsnachteile von Migranten gegenüber Autochthonen diskutiert werden.

Anknüpfend an die Unterscheidung zwischen generalisierbaren und spezifischen Kapitalien (Esser 1999) zielen diese Überlegungen auf im Herkunftsland erworbene Ressourcen ab, die sich nicht oder nur begrenzt ins Aufnahmeland übertragen lassen. Solche spezifischen Kapitalien sind etwa die Herkunftssprache oder kulturell geprägte Wissensbestände, die im Zielland nicht verwertet werden können. Zentraler Aspekt primärer ethnischer Effekte ist damit der Erwerb ziellandspezifischer Kapitalen, was in erster Linie die Kenntnis der Verkehrssprache betrifft. Ohne eine sprachliche Integration ist eine erfolgreiche strukturelle Integration in das Bildungssystem und in den Arbeitsmarkt nicht möglich (Esser 2006). Der erfolgreiche Zweitspracherwerb ist nach Esser (2006) von den Opportunitäten, der Lerneffizienz, der Motivation sowie den damit verbundenen Kosten abhängig. Diese subjektiven Einschätzungen variieren dabei nach der Familien- und Migrationsbiographie (z.B. der Aufenthaltsdauer), dem Herkunftsland (z.B. mit Blick auf die linguistische Distanz), dem Aufnahmeland (z.B. bezüglich der dort angebotenen institutionellen Förderung) und der Zugehörigkeit zu einer bestimmten ethnischen Gruppe (die z.B. das Ausmaß der ethnischen Konzentration beeinflusst).

Sprachliche Defizite in den Herkunftsfamilien schlagen sich bereits vor Eintritt in das Schulsystem nieder (Becker 2010a; Becker und Biedinger 2006; Dubowy et al. 2008): Schon während der Kindergartenzeit zeichnen sich Kompetenzunterschiede zwischen autochthonen und allochthonen Kindern ab. Sie werden in der Folge häufiger von der Einschulung zurückgestellt, da seltener eine hinreichende Schulfähigkeit attestiert wird. Eine frühzeitige institutionelle Sprachförderung ist daher von besonderer Bedeutung. Allerdings besuchen Kinder mit Migrationshintergrund ungleich seltener einen Kindergarten und wenn, dann über kürzere Zeitspannen, so dass eine Ausgleichswirkung sprachlicher Defizite durch vorschulische Förderung nur begrenzt erfolgt.

Primäre ethnische Effekte können sich darüber hinaus durch spezifische Kontextbedingungen auf Mesoebene ergeben, etwa aufgrund sozialer und ethnischer Segregation in Wohnvierteln sowie in Kindergärten, Schulen bzw. Schulklassen (z.B. Becker 2006; Biedinger et al. 2008; Dollmann 2010; Helbig 2010; Schneider im Erscheinen; Stanat et al. 2010b) Die Einbettung in unterschiedliche außerfamiliale Lernumwelten sollten die Opportunitäten des Zweitspracherwerbs maßgeblich beeinflussen (vgl. Esser 2006). In diesem Zusammenhang wird insbesondere diskutiert, ob sich ein höherer Migrantenanteil in der Schulklasse speziell bei Kindern mit Migrationshintergrund leistungshemmend auswirkt. Schneider (im Erscheinen) zeigt, dass Kompetenzzuwächse gegen Ende der Grundschulzeit zwar durchaus durch die leistungsbezogene, soziale wie auch ethnische Komposition der Schulklasse beeinflusst sind, allerdings konnten keine spezifischen Nachteile für Kinder mit Migrationshintergrund aufgrund eines höheren Migrantenanteils nachgewiesen werden.

Kristen und Dollmann (2009; 2012) fassen auch eine mögliche differenzielle Behandlung bzw. Bewertung von Kindern mit Migrationshintergrund durch Erzieher/-innen, Lehrer/-innen sowie durch Institutionen als primären ethnischen Effekt auf. Die Argumente der Diskriminierung, etwa als Auswirkung von Stereotypen oder gruppenspezifischer Erwartungen, ordnen Esser (2011) wie auch Gresch (2012) hingegen sogenannten *tertiären* Effekten ethnischer Herkunft zu. Bei Gültigkeit des Diskriminierungsarguments erteilen Lehrkräfte die Schulnoten bzw. Übertrittsempfehlungen nicht auf Basis der tatsächlichen Schulleistungen (im Sinne primärer Effekte) und beschränken dadurch, je nach Verbindlichkeitsgrad der Empfehlung, die Umsetzungsmöglichkeiten der elterlichen Bildungsentscheidung (im Sinne sekundärer Effekte) zusätzlich. Auch eine ungleiche Behandlung durch Erzieher/-innen und Lehrkräften hinsichtlich der Leistungsförderung von Migrantenkindern wäre auf Basis von Diskriminierungsargumenten denkbar. Diese Annahme differenzieller Förderpraktiken bei Kindern mit Migrationshintergrund sollte nach Esser (2011) und Gresch (2012) ebenfalls in Form von tertiären Effekten ethnischer Herkunft als separater Einflussfaktor ausgewiesen werden. Dies impliziert jedoch auch, dass dabei tertiäre Effekte sozialer Herkunft, also mögliche Ungleichbehandlungen aufgrund des sozialen Hintergrunds der Kinder, bereits berücksichtigt sind. Bislang konnten tertiäre Effekte ethnischer Herkunft nicht einheitlich nachgewiesen werden, da zum einen die Befundlage stark variiert und zum anderen Diskriminierungseffekte quantitativ nur als nachgewiesen gelten können, wenn alle zentralen Einflussgrößen kontrolliert sind (Kristen 2006). Aktuelle Studien, die neben sozialen Herkunftsmerkmalen objektiv gemessene Leistungen der Kinder mitberücksichtigen, finden keine migrationsspezifischen Benachteiligungen in den Lehrerurteilen (z.B. Schneider 2011) oder zeigen Tendenzen einer Positivdiskriminierung bei der Vergabe von Noten und Übertrittsempfehlungen am Ende der Grundschulzeit (Gresch 2012).

Sekundäre Effekte sozialer und ethnischer Herkunft

Interessanterweise scheinen sekundäre Herkunftseffekte der *sozialen* Herkunft bei Migranten und Einheimischen unterschiedlich zu wirken: Nach Nauck et al. (1998) hat in Familien mit Migrationshintergrund die soziale Klassenzugehörigkeit nur einen geringen Einfluss auf die Entscheidung für eine weiterführende Schule. Sekundäre Effekte sozialer Herkunft sollten demnach bei Migranten weniger bedeutsam sein als bei einheimischen Familien. Dies könnte darauf zurückzuführen sein, dass Migrantenfamilien sehr hohe Bildungsaspirationen aufweisen. Dieses Phänomen besonders ambitionierter Bildungsziele konnte national wie auch international mehrfach belegt werden (für Deutschland siehe z.b. Ditton et al. 2005; Paulus und Blossfeld 2007; Schuchart und Maaz 2007; für die USA siehe z.b. Glick und White 2004; Kao und Tienda 1995; Rosenbaum und Rochford 2008; für Australien siehe z.b. Bowden und Doughney 2009).

Darüber hinaus zeigen verschiedene Studien, dass bei vergleichbaren Leistungen und ähnlichem sozialen Hintergrund Migranten stärker dazu neigen, auf anspruchsvolle Schulformen wie das Gymnasium zu wechseln und eine höhere Studienneigung aufweisen als autochthone Schüler/-innen (Baumert und Schümer 2002; Becker und Schubert 2011; Gresch 2012; Gresch und Becker 2010; Kristen et al. 2008; Kristen und Dollmann 2009). Dieses migrantenspezifische Phänomen konnte auch international mehrfach nachgewiesen werden (für die Niederlande: Van de Werfhorst und Van Tubergen 2007; für Frankreich: Vallet und Caille 1999, für UK: Connor et al. 2004). Die höhere Übertrittsneigung auf anspruchsvolle Bildungswege unter Kontrolle primärer und sekundärer Effekte sozialer Herkunft bezeichnen Kristen und Dollmann (2009) als positiven sekundären Effekt *ethnischer* Herkunft.

Es kann davon ausgegangen werden, dass sowohl die vermutete schwächere Wirkung sekundärer Effekte *sozialer* Herkunft als auch der positive sekundäre Effekt *ethnischer* Herkunft auf die höheren Bildungsaspirationen von Migranten zurückzuführen sind (Kristen und Dollmann 2009). Kristen und Dollmann (2009) weisen dies hinsichtlich sekundärer Effekte ethnischer Herkunft bei türkischen Migranten am Übergang in die verschiedenen Sekundarschulzweige empirisch nach. Auch in Greschs (2012) Überprüfung finden sich Hinweise auf die Gültigkeit des Arguments für den Übergang auf das Gymnasium, allerdings konnten die höheren konditionalen Übertrittsraten von türkischen Migranten und (Spät-)Aussiedlern nicht vollständig anhand des Indikators für Bildungsaspirationen aufgeklärt werden.

Schließlich sei betont, dass hohe primäre Effekte die Verwirklichung der ambitionierten Bildungsziele von Migranten so stark hemmen, dass eine Kompensation der ungleichen Bildungschancen durch positive Effekte ethnischer Herkunft kaum möglich ist (Becker und Schubert 2011; Kristen und Dollmann 2009).

1.4 Bildungsaspirationen von Familien mit Migrationshintergrund

Gerade mit Blick auf die schlechteren Bildungsergebnisse stellt sich die interessante Frage, worin die höheren Bildungsaspirationen von Migranten begründet liegen. Im Folgenden sollen daher – nach einer kurzen Erläuterung des Aspirationskonzepts und Darstellung wesentlicher Determinanten von Bildungsaspirationen – theoretische Ansätze und Befunde aufgezeigt werden, die zur Erklärung dieses paradoxen Phänomens beitragen könnten.

Zur Bedeutung von Bildungsaspirationen

Bereits im Wisconsin-Modell wurde das klassische Konzept der intergenerationalen Statusvererbung von Blau und Duncan (1967) um sozialpsychologische Elemente erweitert und darauf hingewiesen, dass der Effekt der sozialen Herkunft auf Bildungs- und Berufserfolg über Bezugsgruppeneinflüsse und Aspirationen vermittelt ist (Sewell et al. 1969). Das Bildungsaspirations-Konzept ist in der Literatur vor allem im Rahmen von Rational Choice-Modellen aufgegriffen und modifiziert worden (Stocké 2005a, 2005b). Dabei wird, ebenso wie im Wisconsin-Modell, in Anlehnung an Kurt Lewins (1935) feldtheoretische Überlegungen, zwischen idealistischen und realistischen Bildungsaspirationen unterschieden (vgl. Haller 1968). Erstere beziehen sich auf die Bildungswünsche unter Ausklammerung der Realisierungsmöglichkeiten. Bei den realistischen Bildungsaspirationen wird dagegen in den Blick genommen, welcher Bildungsabschluss vor dem Hintergrund der gegebenen strukturellen Bedingungen (wie z.B. Schulleistungen) von den Akteuren als realisierbar betrachtet wird.

Die Annahmen der Rational Choice-Modelle sowie der Wisconsin-Schule zur Bedeutung von Aspirationen für den späteren Bildungserfolg können empirisch als gut bestätigt betrachtet werden (Beal und Crockett 2010; Fergusson et al. 2008): Die Höhe der Aspirationen ist dabei entlang sozialer Klassenlinien und nach dem Bildungshintergrund stratifiziert, wobei die Bedeutung des Statuserhaltmotivs und einer sozial abhängigen Kosten-Nutzen-Abwägung für die Formation von Bildungsaspirationen betont wird. Damit stellen Bildungsaspirationen eine vorläufige Bildungsentscheidung dar, welche sich im Sinne sekundärer Herkunftseffekte unmittelbar auf die tatsächliche Realisierung der Übertrittsentscheidung auswirken. Neben der sozialen Herkunft konnte außerdem eine restringierende Wirkung von erbrachten Schulleistungen auf zukünftige Bildungsziele nachgewiesen werden: Erwartungsgemäß wirkt sich schwächere Performanz negativ auf die realistischen Aspirationen aus, da die antizipierte Wahrscheinlichkeit auf Erfolg in anspruchsvolleren Bildungszweigen abnimmt (Ditton et al. 2005; Hossler und Stage 1992; Kurz und Paulus 2008; Paulus und

Blossfeld 2007; Spera et al. 2009). Somit werden Bildungsaspirationen auch maßgeblich durch primäre Herkunftseffekte beeinflusst. Angemerkt sei schließlich auch, dass eine hohe Transmission der Bildungsaspirationen von Eltern auf ihre Kinder festgestellt werden kann (Bohon et al. 2003; Goyette und Xie 1999).

Darüber hinaus spielen nicht nur bei der Umsetzung von Bildungsentscheidungen institutionelle, länderspezifische Unterschiede in den Schulsystemen eine wichtige Rolle (vgl. unter Kapitel 2.2), sondern bereits bei der Formation von Bildungsaspirationen. Es konnte gezeigt werden, dass die realistischen Aspirationen von Eltern im restriktiven System Bayerns bereits vor dem Bildungsübergang in die Sekundarstufe I deutlich niedriger ausfallen als in Hessen, wo bei der Übertrittsentscheidung der freie Elternwille anstelle einer verbindlichen Lehrerempfehlung gilt. Bereits im Vorfeld der Entscheidung gehen institutionelle Barrieren demnach mit geringeren Erfolgserwartungen einher (Kleine et al. 2010; Kurz und Paulus 2008; Paulus und Blossfeld 2007).

Bildungsaspirationen von Migranten

Allerdings treffen die hier dargestellten Befunde nur bis zu einem gewissen Grad auf Personen mit Migrationshintergrund zu. Sowohl Eltern als auch Kinder und Jugendliche mit Migrationshintergrund weisen tendenziell höhere Bildungsaspirationen als Autochthone auf (für Deutschland siehe z.B. Ditton et al. 2005; Paulus und Blossfeld 2007; Schuchart und Maaz 2007; für die USA siehe z.B. Glick und White 2004; Kao und Tienda 1995; Rosenbaum und Rochford 2008; für Australien siehe z.B. Bowden und Doughney 2009), obwohl sie sich verstärkt in niedrigen sozialen Klassen und Bildungsschichten befinden und die Kinder und Jugendlichen vergleichsweise schwächere schulische Leistungen aufweisen. Dies deutet darauf hin, dass bei Migranten der stratifizierende Einfluss sozialer Herkunft auf die Aspirationen geringer ausfällt als bei Einheimischen. Bestätigt wird dies z.B. durch die US-amerikanischen Studien von Wells (2008) oder Qian und Blair (1999), die einen signifikant schwächeren Zusammenhang zwischen sozioökonomischem Status bzw. Bildungsgrad und den realistischen Aspirationen bei Migranten feststellen (siehe auch Kao und Tienda 1998).

In diesem Zusammenhang sei betont, dass es in Bezug auf die Bildungsaspirationen eine deutliche Variation zwischen verschiedenen Migrantengruppen gibt (Levels et al. 2008; Wells 2008; Feliciano 2006). Im deutschen Kontext sticht die Gruppe türkischer Eltern besonders hervor (vgl. Müller und Stanat 2006; Nauck und Diefenbach 1997). Auf PISA-Daten basierende Analysen von Becker (2010b) zeigen, dass deren idealistische Bildungsaspirationen überdurchschnittlich hoch sind, obwohl sie in Relation zu Einheimischen – aber auch zu anderen Migrantengruppen – in den unteren Bildungs- und Sozialschichten deutlich überrepräsentiert sind und ihre Kinder die vergleichsweise schlechtesten schulischen Leistungen aufweisen. Unter Kontrolle des sozialen Hintergrunds sowie bei Berücksichtigung der Leseleistung des Kindes steigen die relativen Chancen, sich ein Studium für das eigene Kind zu wünschen, bei Eltern türkischer Herkunft wesentlich drastischer an als beispielsweise bei Eltern aus der ehemaligen UdSSR.[3] Greschs (2012) Untersuchung der elterlichen Aspirationen eines Gymnasialbesuchs ihrer Kinder weist in eine ähnliche Richtung: Nach Kontrolle der schulischen Leistungen ergeben sich deutlich höhere Aspirationen für Migranten türkischer Herkunft als für (Spät-)Aussiedler.[4]

Zur Erklärung dieses Phänomens und seiner Variabilität zwischen unterschiedlichen Migrantengruppen werden in der Literatur verschiedene Hypothesen diskutiert.

Die am häufigsten aufgestellte Hypothese ist die des *Immigrant Optimism* (siehe z.B. Heath und Brinbaum 2007; Kao und Tienda 1995). Hier wird argumentiert, dass sich Migranten durch einen besonderen Aufstiegswillen von der Mehrheitsbevölkerung unterscheiden, der darauf zurückzuführen sei, dass der Akt der (freiwilligen) Migration nur dann vollzogen wird, wenn sich damit die begründete Hoffnung und Erwartung einer Verbesserung der Lebensbedingungen und Chancen verbindet. Da eine Migration mit hohen Kosten und Verlusten (etwa der sozialen Netzwerke) einhergeht, wandern nur Personen aus, die hinsichtlich ihrer Motivation und ihres sozialen Aufstiegswunsches positiv selektiert sind (Kao und Tienda 1995; Ogbu 1987; Portes und Rumbaut 2006; Vallet 2005). Feliciano (2006) zeigt beispielsweise, dass eine positive Bildungsselektivität von Migranten im Vergleich zur im Herkunftsland verbleibenden Bevölkerung besteht.

Während sich die erste Einwanderergeneration jedoch häufig in niedrigen Berufspositionen im Zielland platziert, werden die Aufstiegserwartungen auf die nächste Generation projiziert. Eigene unerreichte Bildungs- und Berufsziele sollen somit durch die Kinder nachgeholt werden (Boos-Nünning 1989; Delgado-Gaitan 1992; Leenen et al. 1990). Migranten erwarten sich im Zielland bessere Möglichkeiten, diese Ziele auch verwirklichen zu können, da das dort vorherrschende Bildungssystem häufig als fortschrittlicher und durchlässiger empfunden wird als das im Herkunftsland (siehe Becker 2010b). Inwiefern dieser Optimismus über die Einwanderergenerationen hinweg abnimmt und sich damit im Wesentlichen auf direkt Zugewanderte beschränkt, konnte bislang nicht eindeutig

---

3   Türkische Eltern: von 2,5:1 auf 45,8:1; Eltern aus der ehemaligen UdSSR: von 1,1:1 auf 4,9:1 jeweils im Vergleich zu einheimischen Eltern (Becker 2010b).
4   Ohne Kontrolle von Drittvariablen findet Gresch (2012) jedoch sogar geringere Aspirationen der untersuchten Migrantengruppen. Erst unter Kontrolle der sozialen Herkunft und der Schulleistungen wird der Effekt für Migranten positiv.

gezeigt werden. Hinsichtlich ihrer mathematikbezogenen instrumentellen Motivation untersuchten Stanat et al. (2010c) im deutschen Kontext Schüler/-innen aus Polen, der Türkei und der ehemaligen UdSSR. Lediglich bei letzterer Gruppe konnte eine Anpassung der hohen Aspirationen an die der Autochthonen im Generationenverlauf festgestellt werden. Auch Gresch (2012) findet in ihrer Untersuchung am Sekundarschulübertritt keine klaren Muster einer Abnahme der Aspirationen von Migranteneltern nach Generationenstatus.

In diesem Zusammenhang könnte angenommen werden, dass die Makrobedingungen des Herkunftslands einen über individuelle Charakteristika hinaus gehenden Einfluss auf die Bildungsaspirationen von Migranten haben. Bowden und Doughney (2009) zeigen z.B. für Australien, dass die höchsten Aspirationen bei Einwanderern aus Afrika, Asien und dem Mittleren Osten zu beobachten sind, also tendenziell aus strukturschwächeren Ländern. Levels et al. (2008) kommen zu dem Ergebnis, dass die vergleichsweise besseren Schulleistungen bei solchen Migrantenkindern festgestellt werden konnten, die aus ökonomisch sehr schwachen Ländern stammen, was die Autoren auf deren besonders hohe Aufstiegsaspirationen zurückführen. Daher könnte im Rahmen des Immigrant Optimism-Arguments angenommen werden, dass sich die Höhe der Aspirationen auch teilweise darüber erklärt, wie groß die relative Chancenverbesserung für die verschiedenen Migrantengruppen ist, d.h., in welchem Ausmaß das Zielland bessere strukturelle Bedingungen für einen sozialen Aufstieg bietet als das Heimatland.

Eine weitere Hypothese nimmt Bezug auf *Informationsdefizite* von Migranten. Eine geringere Informiertheit über institutionelle Hürden und Anforderungen im Bildungssystem des Aufnahmelandes könnte dazu führen, dass die Realisierungswahrscheinlichkeiten der Bildungsziele tendenziell überschätzt und höhere Bildungsaspirationen entwickelt werden. Zwar erscheint die Argumentation widersprüchlich zu den Annahmen des Rational Choice-Paradigmas, da bessere Informiertheit eine positive Auswirkung auf Bildungsentscheidungen haben sollten (Becker 2010b), jedoch ist eine gegenläufige Hypothese bezüglich der Formation von Aspirationen im Falle von Migranten denkbar. Dabei sollten Informationsdefizite über konkrete Bedingungen des Schulsystems im Zielland nicht als konkurrierende Hypothese zum Immigrant Optimism betrachtet werden, sondern vielmehr als ein verstärkender Faktor derselben: Allein durch die Möglichkeit eines Schulbesuchs in der Aufnahmegesellschaft setzen Migranten sehr große Hoffnungen in die Schullaufbahn ihres Kindes, so dass die antizipierte Wahrscheinlichkeit auf Bildungserfolg insgesamt als sehr hoch wahrgenommen wird. Dies sollte umso stärker der Fall sein, je weniger ihnen die Selektionsmechanismen und alternativen Bildungswege im Schulsystem bewusst sind. Inwiefern dieser Mechanismus wirksam ist, könnte jedoch stark durch die unterschiedlichen Bildungssysteme der Herkunftsländer geprägt sein und dürfte vor allem bei Migranten aus Ländern ohne ausgeprägtes Berufsbildungswesen anzutreffen sein (vgl. auch die Literatur zu den höheren Studierquoten von Migranten innerhalb der Gruppe mit allgemeiner Hochschulreife; Kristen et al. 2008). Becker (2010b) verweist in diesem Zusammenhang auf qualitative Studien in den USA, die zeigen, dass mexikanische Einwanderer auf der einen Seite sehr hohe Aspirationen für ihre Kinder haben, andererseits ihnen aber das Wissen darüber fehlt, wie die Bildungsziele konkret umgesetzt werden können (Behnke et al. 2004; Delgado-Gaitan 1992; Goldenberg et al. 2001, Henderson 1997; Kiyama 2010). Erleben Migranten jedoch einmal die Grenzen der tatsächlichen Möglichkeiten, so sollte der Optimismus einer realistischeren Einschätzung der Erwartungen weichen.

Eine Facette von Informationsdefiziten betrifft die Annahme, dass eigene Bildungsferne und schlechte Kenntnisse der Sprache des Aufnahmelandes von Eltern mit Migrationshintergrund mit geringerem Unterstützungspotential und wenig Einblick in den Schulalltag einhergehen. Diese geringere Involviertheit dürfte die Wahrscheinlichkeit einer Fehleinschätzung der schulischen Leistungen ihrer Kinder erhöhen (z.B. Stevenson et al. 1990). Delgado-Gaitan (1992) und Henderson (1997) liefern Hinweise darauf, dass Eltern mit Migrationshintergrund tendenziell dazu neigen die Schulleistungen zu überschätzen. Hier könnte angenommen werden, dass eine Überschätzung in einem positiven Zusammenhang mit den höheren Bildungsaspirationen steht, da auf Basis ihrer subjektiven Einschätzung der Schulleistungen die hohen Aspirationen für die Eltern gerechtfertigt scheinen. In der Untersuchung von Gresch (2012) wird dieser Zusammenhang für (Spät-)Aussiedler und türkische Migranten am Übergang in die Sekundarstufe überprüft. Die Autorin findet deutliche Hinweise auf die Gültigkeit des Arguments: Anders als autochthone Eltern schätzen beide Migrantengruppen die Leistungen ihrer Kinder in Deutsch und Mathematik höher ein als die tatsächliche vergebene Note und erwarten sich häufiger eine Gymnasialempfehlung für ihr Kind als diese durch die Lehrkraft erteilt wird. Es konnte gezeigt werden, dass diese Überschätzung des schulischen Leistungspotenzials bei der türkischen Migrantengruppe zur Erklärung der höheren Aspirationen beiträgt.

In Bezug auf die *Immigrant Optimism*-Hypothese sowie die Argumentation der *Informationsdefizite* werden im Folgenden Ergebnisse einer qualitativen Analyse mit 22 Eltern türkischer Herkunft ausführlich berichtet (Relikowski et al. 2012).[5] Diese Gruppe türkischer Eltern wurden als Substichprobe aus dem Sample des quantitativen Längsschnitts BiKS-8-14 gezogen. Voraussetzung für die Aufnahme in die qualitative Studie war, dass entweder beide befragten Elternteile in der Türkei geboren wurden oder beide Kinder türkischer Einwanderer sind. Die von Erbil Yilmaz durchgeführten Auswertungen erfolgten in enger Verzahnung mit einer quantitativen Untersuchung, die im empirischen Teil der vorliegenden

---

5   Die Ausführungen wurden vollständig dem Artikel Relikowski et al. 2012 entnommen.

Arbeit (Kapitel 4.3) dargestellt wird. Die qualitativen Auswertungen beziehen sich auf die Erhebungswelle gegen Ende des vierten Grundschuljahres.

Anhand der qualitativen Analysen kann gezeigt werden, dass die Äußerungen der Eltern weitgehend in Einklang mit der Immigrant Optimism-Hypothese stehen und dazu herangezogen werden können, die Hypothese im Hinblick auf die Besonderheiten der türkischen Migrantenpopulation weiter zu konkretisieren. Die hohen elterlichen Bildungsaspirationen lassen sich auf ein – aus drei Komponenten bestehendes – Begründungsmuster zurückführen:

1) Die befragten Eltern türkischer Herkunft wünschen sich, ihr Kind möge später unter besseren Bedingungen arbeiten als sie selbst. Als Kontrastfolie dient hier die teilweise als kollektives Schicksal türkischer Migranten gedeutete Zugehörigkeit zur Arbeiterklasse und damit in Verbindung gebrachte manuelle, repetitive Tätigkeiten. Hierzu ein illustratives Beispiel:

„Schauen Sie, wir sollten mit dieser Tradition endlich brechen. Großvater ist ein Arbeiter. Der Sohn ist ein Arbeiter. Der Enkel ist ein Arbeiter. Das reicht." (14.1, 863)

2) Die befragten Eltern nehmen an, ungünstige strukturelle Bedingungen – und nicht etwa mangelnde Anstrengungsbereitschaft – hätten sie selbst daran gehindert, höhere Bildungsabschlüsse zu erzielen und bessere soziale Positionen einzunehmen. Im Hinblick auf das Statuserhaltmotiv zeigt sich somit, dass für die Befragten nicht ihre tatsächliche eigene soziale Position den Referenzpunkt bildet, sondern vielmehr die ihnen aus ihrer Sicht entgangene. Auch hierzu ein Beispiel:

„Also, damit du studieren konntest, eine weiterführende Schule besuchen konntest, musstest bis nach T. [Stadt], du musstest in der Stadt wohnen. Er ähm damals hatten wir nicht die Möglichkeiten,… in den Jahren 76, 77, wer hatte in der Türkei Möglichkeiten?" (1.1, 643)

3) In den Aussagen der befragten Eltern türkischer Herkunft drückt sich die Zuversicht aus, ihre Kinder würden in Deutschland bessere Bedingungen vorfinden als sie selbst, um die ihnen versagt gebliebenen Bildungsabschlüsse zu realisieren und entsprechende gesellschaftliche Positionen einzunehmen. Als Beispiel dient die folgende Textpassage:

„Ja, warum, die sollen studieren, egal. Sie sollen studieren bis sie 30 Jahre alt sind. Bis sie 40 Jahre alt sind, egal. Ich werde für sie sorgen, ist kein Thema. Also, sie ist ja nicht in der Türkei, wo man Geld für private Universitäten haben muss, so dass du Dings machen kannst, hier gibt es jede Möglichkeit." (22.1, 408)

Dieses Begründungsmuster der befragten Eltern wird vor dem Hintergrund der Geschichte türkischer Einwanderer im Herkunftsland und des spezifischen Migrationskontexts, den sie in Deutschland vorfanden, besser verständlich (Toprak 2008; Leenen et. al 1990). Wie Goldberg et al. (2004) anführen, stammt ein Großteil der türkischen Migranten in Deutschland ursprünglich aus ländlichen Gebieten im Süden und Osten der Türkei, in denen kaum Aufstiegsmöglichkeiten gegeben waren und die soziale Position entsprechend wenig hinterfragt wurde. Durch die steigende Technisierung und Industrialisierung in den 1950er und 1960er Jahren und mit fortlaufender Realteilung setzte eine Landflucht ein und trieb viele in der Hoffnung auf eine Verbesserung ihrer wirtschaftlichen Situation in die Städte. Im Zuge dessen gewann auch Bildung als Mittel des sozialen Aufstiegs zunehmend an Bedeutung. Das bedeutet, bereits im Herkunftsland setzten Prozesse ein, die das Bewusstsein um die Relevanz von Bildungsabschlüssen schärften. Diese Prozesse wurden durch die Migration nach Deutschland weiter zugespitzt. Zum einen finden sich türkische Migranten in Deutschland in einer Situation wieder, die u.a. dadurch gekennzeichnet ist, dass sie im Vergleich zu anderen Migrantengruppen überproportional häufig unqualifizierten Tätigkeiten nachgehen. Zum anderen verliert ihre eigene soziale Position in Deutschland den Charakter der Selbstverständlichkeit, da sie für ihre Kinder Möglichkeiten entdecken, durch höhere Bildungsabschlüsse sozial aufzusteigen.

Insgesamt wird der Nutzen der angestrebten höheren Schulformen in zeitlicher Hinsicht also hauptsächlich nach der Schullaufbahn verortet, in einer besseren beruflichen Zukunft. Nutzenaspekte während der schulischen Laufbahn, wie z.B. das Wohlergehen des Kindes auf der jeweiligen Schulform, werden dagegen tendenziell vernachlässigt. Das Bildungsverständnis, das darin zum Ausdruck gelangt, ist also eher instrumenteller Art: Bildung ist hier Mittel der gesellschaftlichen Positionierung (vgl. auch Pásztor 2010).[6]

Insbesondere bei Eltern türkischer Herkunft, die nicht das deutsche Schulsystem durchlaufen haben, finden sich indirekte Hinweise auf eine geringe Informiertheit. So fällt bei diesen Interviews insbesondere das Ausbleiben von inhaltlichen Äußerungen auf, die sich beispielsweise auf konkrete schulische Lerninhalte beziehen. Stattdessen wird auf eher einfache Heuristiken zurückgegriffen, in denen sich das Bewusstsein gegebener Bildungschancen bzw. geringer Bildungskosten widerspiegelt. Hier ein Beispiel:

---

6 Auch Gresch (2012) findet in ihrer quantitativen Untersuchung Hinweise darauf, dass der Stellenwert des Abiturs in türkischen Familien sowie bei (Spät-)Aussiedlern höher eingestuft wird. In beiden Gruppen trägt diese Einstellung zur Erklärung der höheren Aspirationen am Übergang in die Sekundarstufe I bei.

> „V: Also wir wollen jetzt eben, es gibt da ein türkisches Sprichwort, ich weiß nicht, ob Sie das kennen, „Wenn du ertrinken wirst, dann ertrinke in großen Gewässern"... Verstehen Sie?
> I: Ich verstehe.
> V: Ja und wir wollen eben, wenn sie eine Schule besucht, dann das Gymnasium, also im Moment ist die höchste Bildungsstufe nach der Grundschule das Gymnasium, oder nicht?" (17.1, 447-449)

Interessanterweise führt die Selbstwahrnehmung der befragten Eltern, in schulischen Belangen schlecht informiert zu sein, nicht dazu, dass dem Klassenlehrer /der Klassenlehrerin umso mehr ein Expertenstatus bei der Übertrittsentscheidung zugewiesen wird. Unabhängig von den sozialen Hintergrundmerkmalen zeigt sich bei Eltern türkischer Herkunft, dass sie sich bei der Übertrittsentscheidung tendenziell sehr stark auf ihre eigene Einschätzung der schulischen Erfolgswahrscheinlichkeit des Kindes in der Sekundarstufe stützen. So finden Entscheidungsprozesse selbst in jenen Fällen statt, in denen sowohl der Notendurchschnitt als auch ein restriktives Schulsystem eigentlich keine Entscheidungsmöglichkeiten offen lassen. Dabei basiert die Einschätzung nicht nur bzw. nicht hauptsächlich auf schulimmanenten Kriterien, wie z.B. Lesekompetenzen, sondern auf allgemeineren Beobachtungen des außerschulischen Verhaltens und der Persönlichkeitseigenschaften des Kindes. Ein sich deutlich abzeichnendes Muster besteht darin, dass bei der Übertrittsentscheidung die wahrgenommene innere Motivation des Kindes eine zentrale Rolle spielt, aufgefasst als Kombination aus grundsätzlichem Potential und intrinsischer Motivation des Kindes. Dazu ein Beispiel:

> „Ja er will. Der Junge hat einen Willen. Er sagt: „Ja, Mama, meine Schwester bringt so gute Noten mit, sie geht aufs Gymnasium. Ich werde das auch machen", sagt er. "Ich will das auch", sagt er. Er selbst will die Real, "Ich will gehen", hat er selbst gesagt. Deswegen schicken wir ihn in die Real." (19.1, 546)

Diese innere Motivation wird von den befragten Eltern teilweise als etwas betrachtet, das nur bedingt von außen beeinflusst werden kann. Durch diesen weiteren Indikator für die schulische Eignung wird die Relevanz von Schulnoten relativiert, da schlechte Noten als Hinweis auf die unzureichende Entfaltung des Potentials des Kindes bewertet werden können, aber nicht auf einen Mangel desselben schließen lassen müssen.

Dieses Begründungsmuster wird besser verständlich, wenn man die Informationsdefizit-Hypothese mit der Immigrant Optimism-Hypothese verknüpft. Nach Auffassung der befragten Eltern finden ihre Kinder bessere äußere, strukturelle Bedingungen zur Erzielung hoher Bildungsabschlüsse vor als sie selbst. Somit ist es ‚nur noch' eine Frage der inneren Motivation des Kindes, diese günstigen Bedingungen für sich nutzen zu können. Zudem ist es gerade bei türkischen Migranten wahrscheinlicher, dass sie die Bildungsmotivation des Kindes als gegeben betrachten: Aufgrund der engen Generationenverhältnisse in türkischen Familien und damit der hohen Transmission von Einstellungen und Werten ist zu erwarten, dass die Kinder zu einer Spiegelung der hohen elterlichen Bildungsaspirationen beitragen (vgl. Nauck 1994). Verstärkt wird dieser Effekt durch die geringe Informiertheit der Eltern. Denn in dem Maße, in dem diese sich nicht mit den schulischen Inhalten auskennen und ihre Kinder auch nicht unterstützen können, gewinnen alternative Indikatoren an Bedeutung.

Insgesamt zeigt die qualitative Analyse von Erbil Yilmaz also, dass beide Hypothesen des Immigrant Optimism und der Informationsdefizite durch die Interviews mit den Eltern türkischer Herkunft weitgehend bestätigt werden. Darüber hinaus wird aufgezeigt, wie die einzelnen hypothetischen Annahmen bei den Akteuren miteinander zusammenhängen und sich gegenseitig verstärken (Relikowski et al. 2012).

Neben der Immigrant Optimism- und Informationsdefizit-Hypothese bezieht sich eine weitere Argumentationslinie auf das *soziale Kapital in ethnischen Netzwerken* (siehe dazu Becker 2010b). Die Orientierung an vorherrschenden Normen und Werten in so-zialen Netzwerken wirkt im Sinne der Wisconsin-Schule als starker Prädiktor für die Formation von Bildungsaspirationen. Netzwerke können auch als nützliche Informations- und Unterstützungsressourcen dienen, was für Migrantenkinder von besonderer Bedeutung sein sollte (Roth et al. 2010). In der Argumentation der *Segmented Assimilation Theory* wird Ethnizität als Quelle sozialen Kapitals betrachtet. Enge ethnische Netzwerke setzen jedoch die Herausbildung von ‚Ethnic Communities' auf Basis einer starken Gruppensolidarität voraus. Die prägende Wirkung von ethnischen Netzwerken kann auch für die Herausbildung und Verfestigung von hohen Bildungsaspirationen von Bedeutung sein, insofern bildungsförderliche Normen und Werte in der ethnischen Gemeinschaft vorherrschen (Bygren und Szulkin 2010; Kroneberg 2008). Bei dieser Argumentation sollte es stark auf die Qualität von Netzwerken ankommen (Roth et al. 2010): Herrschen im Netzwerk zwar bildungsförderliche Normen vor, aber fehlen zugleich Informations- und Unterstützungsressourcen, so kann das ethnische Netzwerk zwar dazu beitragen, dass mit einer höheren Wahrscheinlichkeit an den ambitionierten Aspirationen festgehalten wird, jedoch auf Basis einer Überschätzung der Möglichkeiten und fehlender Umsetzungsstrategien im Sinne der Informationsdefizit-Hypothese. Umgekehrt könnte eine stärkere Einbindung in interethnische Netzwerke zur Herausbildung von realistischeren Bildungszielen führen, indem ein verbesserter Informationsfluss im Austausch mit Einheimischen stattfindet und damit zugleich bessere Unterstützungsmöglichkeiten geboten werden (Roth et al. 2010; Wells 2008).

Ein weiterer Erklärungsansatz für die hohen Aspirationen von Migranten könnte in der *Antizipation von Diskriminierung* liegen (Becker 2010b; Heath und

Brinbaum 2007). Hier kann mit der *Blocked Opportunities*-Hypothese argumentiert werden, die allerdings spezifisch für die besonders bildungserfolgreiche chinesische Einwanderergruppe in den USA aufgestellt wurde (vgl. Pearce 2006): Aufgrund der Erwartung von Eltern, dass ihre Kinder später auf dem Arbeitsmarkt diskriminiert werden, streben chinesische Migranten besonders hohe Bildungsziele für die Kinder an, um den antizipierten zukünftigen Arbeitsmarktnachteil zu kompensieren und den Kindern auf diesem Wege einen gewissen Vorteil zu verschaffen (‚Overcompensation', ‚Overachievement'). Denkbar wäre jedoch auch das gegenteilige Reaktionsmuster eines Entmutigungseffekts durch wahrgenommene Diskriminierung (Kao und Tienda 1998). In welche Richtung antizipierte Diskriminierung tatsächlich wirkt, scheint von jeweils speziellen Merkmalen der Migrantengruppen abzuhängen (Becker 2010b).

Schließlich wirft Becker (2010b) noch die Hypothese auf, dass die hohen Aspirationen von Migranten möglicherweise auch auf ein statistisches Artefakt, das eines stärkeren *Antwortbias,* zurückzuführen sind. Da Migranten tendenziell dazu neigen, bei der Beantwortung von Einstellungsfragen eher Extremkategorien auszuwählen als Einheimische (Bachman und O'Malley 1984; Marín et al. 1992). Es ist also denkbar, dass hiervon auch die Fragen nach den Bildungsaspirationen betroffen sind.

2 Datenbasis und methodische Vorgehensweise

2.1 Beschreibung der verwendeten Datensätze

Die empirischen Analysen wurden auf Basis zweier Datenquellen durchgeführt, dem quantitativen Längsschnitt BiKS-8-14 und der *Grundschulstudie Hessen 1969*, welche im Folgenden vorgestellt werden.

Für alle empirischen Untersuchungen dieser Arbeit wurden Daten der interdisziplinären Forschergruppe BiKS (*Bildungsprozesse, Kompetenzentwicklung und Selektionsentscheidungen im Vorschul- und Schulalter*)[7] herangezogen, die in Hessen und Bayern erhoben wurden. Die Wahl fiel nicht zuletzt auf diese beiden Bundesländer, da sie sich hinsichtlich ihrer institutionellen Rahmenbedingungen in den Übertrittsregelungen unterscheiden. Während in Bayern für den Besuch der Realschule oder des Gymnasiums eine entsprechende Laufbahnempfehlung der Grundschullehrkraft vorliegen muss, gilt in Hessen der freie Elternwille bei der Schulformwahl.[8] Die Gesamtstichprobe setzt sich aus einem Drittel hessischer und zwei Dritteln bayerische Familien zusammen.

Die Stichprobenziehung erfolgte über eine disproportional geschichtete Zufallsstichprobe und umfasst sowohl ländliche als auch städtische Erhebungsregionen (von Maurice et al. 2007). Ziel der Panelstudie BiKS-8-14 ist es, die schulische Entwicklung von Schüler/-innen mittels Kompetenztests und schriftlicher Befragungen vom dritten Grundschuljahr bis in die neunte Klasse der Sekundarstufe zu begleiten. Drei Erhebungswellen während der Grundschule wurden halbjährlich durchgeführt: Welle 1 im zweiten Halbjahr der dritte Klasse sowie Welle 2 im ersten und Welle 3 im zweite Halbjahr der vierten Klasse. Fünf Erhebungen während der Sekundarstufe I erfolgten daraufhin in jährlicher Taktung: Welle 4 im

---

7 Die vorliegende Arbeit entstand im Rahmen der von der Deutschen Forschungsgemeinschaft geförderten interdisziplinären Forschergruppe BiKS im soziologischen Teilprojekt 7 (Leitung: Prof. Dr. Hans-Peter Blossfeld; RO 820/11). Im Namen des Teilprojekts danke ich den an der Studie teilnehmenden Kindern, Lehrer/-innen und Eltern für ihre Teilnahme und allen im Rahmen der Datenerhebungen eingesetzten Studierenden für ihre engagierte Mitarbeit.

8 Falls ihre Kinder aber eine Schulart besuchen, für die keine Empfehlung ausgesprochen wurde, ist für sie das erste Jahr auf Probe und sie können von den Lehrkräften – auch gegen den Willen der Eltern – an eine weniger anspruchsvolle Schulart querversetzt werden. In Bayern lässt sich der Besuch einer anspruchsvolleren Schulart ohne entsprechende Laufbahnempfehlung nur durch das erfolgreiche Absolvieren eines Probeunterrichts vor Beginn der fünften Jahrgangsstufe erzielen.

zweiten Halbjahr der fünfte Klasse bis Welle 8 im zweiten Halbjahr der neunten Klasse. Zu jedem Messzeitpunkt wurde zusätzlich der hauptsächlich betreuende Elternteil der teilnehmenden Kinder telefonisch befragt und Einschätzungen der Lehrkräfte zu den teilnehmenden Kindern und zum gesamten Klassenkontext schriftlich erhoben. Mit Beginn der Sekundarstufe wurde die Stichprobe aufgestockt, indem der neue Klassenkontext eines Teils der Schüler/-innen hinzu gesampelt wurde (neue Lehrkräfte und Mitschüler/-innen sowie deren Eltern).

Aus der quantitativen Stichprobe wurden zudem kleinere Samples für qualitative Panelerhebungen gezogen, welche mit Lehrkräften, autochthonen und türkischen Eltern sowie in der Sekundarstufe mit Jugendlichen türkischer Herkunft durchgeführt wurden.

Die folgenden empirischen Analysen stützen sich auf das quantitative Panel und mit der Beschränkung auf diejenigen Kinder und deren Eltern, die seit Welle 1 an der Studie teilnehmen. Die untersuchten Messzeitpunkte umfassen die Wellen 1 bis 4, also den Zeitraum gegen Ende der dritten Klasse bis nach dem Übergang in die Sekundarstufe.

Die Ausgangsstichprobe in Welle 1 umfasste 2395 Kinder. In 2228 Fällen lag ein gültiges Elterninterview vor. Eine Längsschnittstudie geht jedoch unweigerlich mit dem Problem der Panelmortalität einher. Ausgehend von den Fällen mit gültigen Elterninterviews in Welle 1 verblieben in Welle 2 ca. 90%, in Welle 3 gut 80% und in Welle 4 gut 70%.

Es gibt Hinweise darauf, dass Panelausfälle bei Migranten sowie bei Personen geringeren Bildungsgrades höher ausfallen (vgl. Behr et al. 2005; Feskens et al. 2007). Aufgrund der Relevanz beider Herkunftsmerkmale in den empirischen Analysen (Kapitel 4), soll die diesbezügliche Stichprobenentwicklung für die im Folgenden berücksichtigten ersten vier Erhebungswellen kurz skizziert werden.

Auf Basis der Fälle mit gültigem Elterninterview konnten in der ersten Erhebungswelle 1700 Familien als Autochthone definiert werden, da beide Elternteile gebürtige Deutsche sind. Fast ein Viertel der Stichprobe weist einen Migrationshintergrund auf. Von 314 Kindern sind beide Elternteile im Ausland geboren und von 205 Kindern jeweils ein Elternteil. Die größte Migrantengruppe mit ursprünglich 120 Fällen stammt aus der Türkei. Der relative Anteil der Migrantengruppe sank von Welle 1 mit gut 23% auf etwa 18% in Welle 4. Diese Selektivität trifft nicht auf Familien zu, bei denen nur ein Elternteil im Ausland geboren ist. Hier bleibt der relative Anteil an der Gesamtstichprobe bei gut 9% konstant. Eine Verzerrung ist dagegen bei beidseitigem Migrationshintergrund deutlich auszumachen: Stellten diese in Welle 1 noch gut 14% der Gesamtstichprobe, so schrumpfte ihr Anteil bis Welle 4 auf knapp 9%. Ebenso ist ein selektiver Ausfall der Familien türkischer Herkunft zu beobachten; deren Anteil ging von gut 5% (Welle1) auf 3% (Welle 4) zurück.

Bei einer Unterscheidung nach dem Bildungsgrad der befragten Eltern lag zu Welle 1 folgende Verteilung vor: 23% der Eltern hatten maximal einen Hauptschulabschluss, 33% einen Realschulabschluss und 44% mindestens ein Fachabitur. Der Anteil der Eltern mittleren Bildungsabschlusses erweist sich über die vier Wellen sehr stabil; doch hinsichtlich der Eltern mit Hauptschulabschluss ist ein selektiver Panelausfall zu verzeichnen. Deren Anteil schrumpft mit jeder Welle um einen Prozentpunkt auf knapp 20% in Welle 4.

Bei der Interpretation der empirischen Ergebnisse müssen demnach diese Stichproben-selektivitäten in BiKS-8-14 berücksichtigt werden. Auf relevante Verzerrungen hinsichtlich spezifischer Fragestellungen wird zusätzlich in den jeweiligen empirischen Kapiteln verwiesen.

Die zweite verwendete Datenbasis der *Grundschulstudie Hessen 1969*, im Folgenden GRUND1969 genannt, wird für den Zeitvergleich primärer und sekundärer Effekte in Kapitel 4.1 genutzt. Die Studie wurde vom Max-Planck-Institut für Bildungsforschung durchgeführt und ist unter der Studiennummer ZA0826 im GESIS-Datenarchiv an der Universität Köln erhältlich. Die von Ulrich Oevermann geleitete Studie (Oevermann et al. 1976), erhob Daten von neun Klassen des vierten Schuljahrs eines sozial besser gestellten Vororts (Oberursel) und zwei eines weniger gut gestellten Vororts (F-Glodstein) in Frankfurt am Main. Die Schüler/-innen erhielten klassenweise Kompetenztests, die Schulnoten wurden dem Klassenbuch entnommen. Die Eltern wurden über ihre Ausbildung und Berufstätigkeit schriftlich befragt. Die weitere Schullaufbahn wurde nach dem Übertritt 1970 von Heiner Meulemann aus den Akten des Schulamtes erhoben. Konkrete Fallzahlen und Verteilungen sind dem entsprechenden empirischen Kapitel zu entnehmen.

2.2 Beschreibung der verwendeten Methoden

Kontrafaktische Analyse zur Bestimmung der relativen Bedeutung primärer und sekundärer Effekte

Zur Ermittlung der relativen Bedeutung von primären und sekundären Herkunftseffekten bei der Sekundarschulwahl im Zeitvergleich (Kapitel 4.1) sowie für den Vergleich zwischen allochthonen und autochthonen Eltern (Kapitel 4.2) wird eine kontrafaktische Analysemethode angewendet, die von Erikson et al. (2005) entwickelt und von Buis (2010) erweitert und verbessert wurde.[9] Diese methodische Vorgehensweise ist notwendig, weil direkte (sekundäre) und indi-

---

9   Anwendungspaket Stata, Befehl ldecomp

rekte (primäre) Effekte in einem Logit-Modell, anders als in einem linearen Regressionsmodell, nicht additiv – etwa nach der pfadanalytischen Korrelationszerlegung – bestimmt werden können (siehe für eine ausführliche Beschreibung Buis 2010). Die Methode besteht in der Dekomposition der Übergangsentscheidungen in gruppenspezifische Verteilungen von Schulleistungen (zur Bestimmung der primären Effekte) und gruppenspezifische Wahrscheinlichkeitsfunktionen unter Kontrolle der Schulleistungen (zur Bestimmung der sekundären Effekte). Nach dieser Dekomposition für jede soziale Herkunftsgruppe werden Leistungsverteilungen und bedingte Übertrittswahrscheinlichkeiten in ihren faktischen und kontrafaktischen Kombinationen miteinander verglichen.

Zur Veranschaulichung soll beispielhaft der Vergleich von Kindern aus zwei verschiedenen sozialen Klassen dienen: der Arbeiterklasse (a) und der Dienstklasse (d). Die Kinder aus der Arbeiterklasse weisen schlechtere Leistungen auf als Kinder aus der Dienstklasse (primärer Effekt) sowie ein anderes Übertrittsverhalten auf die Sekundarschulformen. Auch auch bei gleichen Leistungen zeigen sie eine geringere Übertrittswahrscheinlichkeit auf anspruchsvollere Schultypen, wie das Gymnasium (sekundärer Effekt). Um nun die primären Effekte bestimmen zu können, wird folgender kontrafaktischer Frage nachgegangen: Welcher Anteil (P) der Kinder aus der Arbeiterklasse (a) würde das Gymnasium besuchen, wenn diese die Schulleistungen der Kinder aus der Dienstklasse (d) aufweisen würden (aber ihr bedingtes Übertrittsverhalten beibehielten)? Daraus ergibt sich ein kontrafaktischer Anteil P_{da}, wobei der erste Index (d) für die Leistungsverteilung und der zweite Index (a) für die bedingte Wahrscheinlichkeitsfunktion eines Gymnasialübertritts einer sozialen Klasse steht. Die Frage nach den sekundären Effekten ist: Welcher Anteil der Arbeiterkinder würde auf das Gymnasium wechseln, wenn sie ihr Leistungsniveau (a) beibehielten, aber das Übertrittsverhalten der Dienstklasse (d) annehmen würden? Es wird also der kontrafaktische Anteil P_{ad} bestimmt.

Nach der Berechnung aller faktischen (P_{aa} / P_{dd}) und kontrafaktischen Anteile (P_{ad} / P_{da}) der Gymnasialübertritte können nun über die Umrechnung der Anteile in Log Odds (ln(O)) die Differenzen zwischen kontrafaktischen und faktischen Kombinationen gebildet werden, um die relative Bedeutung der beiden Herkunftseffekte zu bestimmen. Daraus ergeben sich allerdings zwei Methoden der Berechnung. Je nachdem, ob der Gesamteffekt zwischen (a) und (d) als Folge (da) oder als Folge (ad) konstruiert wird, lassen sich die Terme unterschiedlich zu primärem und sekundärem Effekt zusammenfassen, so dass sich nicht die exakt gleichen Anteile der Effekte ergeben:

2.2 Beschreibung der verwendeten Methoden

$$\underbrace{\ln(O_{dd}) - \ln(O_{aa})}_{\text{Gesamteffekt}} = \underbrace{\ln(O_{da}) - \ln(O_{aa})}_{\text{primärer Effekt}} + \underbrace{\ln(O_{dd}) - \ln(O_{da})}_{\text{sekundärer Effekt}} \quad (1)$$

$$\underbrace{\ln(O_{dd}) - \ln(O_{aa})}_{\text{Gesamteffekt}} = \underbrace{\ln(O_{dd}) - \ln(O_{ad})}_{\text{primärer Effekt}} + \underbrace{\ln(O_{ad}) - \ln(O_{aa})}_{\text{sekundärer Effekt}} \quad (2)$$

Zur Lösung dieser Doppeldeutigkeit schlagen Jackson et al. (2007) vor, jeweils für primäre und sekundäre Effekte einen Durchschnitt der Werte aus beiden Methoden zu berechnen.

In den durchgeführten Analysen (Kapitel 4.1 und 4.2) werden nicht zwei, sondern drei soziale Klassen (Arbeiterklasse/ mittlere soziale Klasse/ Dienstklasse) sowie drei Herkunftsgruppen nach ihrem Bildungshintergrund (Hauptschulabschluss/ Realschulabschluss/ Abitur) differenziert. Da die Basis dieser Methode jeweils getrennte Analysen für drei verschiedene Herkunftsgruppen bilden, wird keine als Referenzkategorie eingesetzt; vielmehr werden alle drei möglichen Differenzen zwischen den Klassen gebildet. In Kapitel 4.1 erfolgt dies im Vergleich der zwei Erhebungszeitpunkte 1969 und 2007 bei hessischen Familien, in Kapitel 4.2 im Vergleich autochthoner und allochthoner Eltern auf Basis der Gesamtstichprobe von BiKS-8-14.

Als Leistungsindikator dient in beiden Untersuchungen der Notendurchschnitt der Kinder. Die Entscheidung gegen eine Verwendung von Kompetenzmaße an dieser Stelle liegt darin begründet, dass Noten zum einen die übertrittsrelevanten Leistungskriterien darstellen und zum anderen als Entscheidungsgrundlage für die Eltern sichtbar sind. Anders als in der ursprünglichen Methode von Erikson et al. (2005), welches die Anpassung der Schulleistungen an die Normalverteilung vorsieht, lässt das erweiterte Verfahren von Buis (2010) jede empirische Verteilung zu. Daher musste die Durchschnittsnote nicht transformiert werden, sondern kann in ihrer Rohverteilung in die Analysen eingehen. Das Verfahren nach Buis (2010) erlaubt weiterhin, anders als bei Erikson et al. (2005), Kontrollvariablen in die Analyse einzuführen und Standardfehler auf Basis eines Bootstrap-Verfahrens zu berechnen.

Modellierung des Übertritts anhand logistischer Regressionsanalysen

Im Anschluss an die kontrafaktische Analyse werden sowohl für den Zeitvergleich primärer und sekundärer Effekte (Kapitel 4.1) als auch für die Analyse nach Migrationshintergrund (Kapitel 4.2) binäre logistische Regressionen zur Modellierung des Übertritts auf ein Gymnasium versus eine andere Schulform geschätzt. Hier werden – anders als in der kontrafaktischen Analyse – neben Schulleistungen, sozialer Klasse und Bildung (bzw. Migrationshintergrund) zusätzliche Kontrollvariablen und erklärende Variablen berücksichtigt.

Die Übertrittsmodelle im Zeitvergleich (Kapitel 4.1) werden getrennt für die Stichproben von 1969 und 2007 durchgeführt. Eine gepoolte Analyse ist hier aufgrund leicht abweichender Operationalisierungen der unabhängigen Variablen nicht möglich. Für eine bessere Vergleichbarkeit der Logit-Koeffizienten wurde daher eine Vollstandardisierung, das heißt sowohl eine x- als auch eine y-Standardisierung vorgenommen (vgl. Winship und Mare 1984). Mit dieser Standardisierung wird die Veränderung der Log Odds eines Gymnasialübertritts in Standardabweichungen angegeben, welche durch die Erhöhung der unabhängigen Variablen um eine Standardabweichung bewirkt wird. Da in beiden Stichproben nur ein geringer Varianzanteil im Übergangsverhalten durch den Schulklassenkontext erklärt werden,[10] wird auf eine explizite Modellierung der Mehrebenenstruktur verzichten. Die genestete Datenstruktur wurde durch Schätzung robuster Standardfehler berücksichtigt.

Die Modellierung ethnischer Unterschiede im Übergangsverhalten (Kapitel 4.2) hingegen erfolgt anhand eines gemeinsamen Modells für die BiKS-Gesamtstichprobe, wobei der Fokus auf den Effekten der Migrantengruppen unter sukzessiver Hinzunahme erklärender Variablen liegt. Hierbei wird im Unterschied zu den vorangegangenen Analysen nach türkischem und anderem Migrationshintergrund differenziert.[11] In den Modellen werden standardisierte Beta-Koeffizienten ausgewiesen. Anders als in den Übertrittsmodellen zum Wandel sozialer Herkunftseffekte wird der Mehrebenenstruktur durch die Einführung eines Random Intercepts Rechnung getragen, da die Gesamtstichprobe von BiKS-8-14 (Bayern und Hessen) eine höhere Varianz auf Schulklassenebene aufweist.[12]

Modellierung der elterlichen Bildungsaspirationen

In Kapitel 4.3 erfolgt unter Anwendung linearer Regressionsanalysen eine sowohl quer- als auch längsschnittliche Analyse zur Untersuchung der Bildungsaspirationen von Migranten in der Gesamtstichprobe BiKS-8-14. In den Querschnittsmodellen wird auf Daten der zweiten Erhebungswelle Mitte der vierten Grundschulklasse zurückgegriffen, lediglich als zeitkonstant angenommene

---

10 ICC des Nullmodells mit Random Intercept auf Schulklassenebene: GRUND1969 = 4%; hessische Substichprobe BiKS-8-14 = 1%.
11 Die genauen Operationalisierungen unterschiedlicher Herkunftsgruppen nach Migrationshintergrund sind den jeweiligen empirischen Kapiteln zu entnehmen.
12 ICC des Nullmodells mit Random Intercept auf Schulklassenebene: BiKS-8-14 = 8%.

Variablen entstammen der ersten Erhebungswelle (Ende dritte Klasse). Dabei wird ein Random Intercept auf Schulklassenebene eingeführt, um – analog zu den Übertrittsmodellen – die Mehrebenenstruktur zu berücksichtigen.[13] Im Vordergrund stehen bei der Modellierung Interaktionseffekte nach unterschiedlichen Differenzierungen der Migrantengruppe.

Zur längsschnittlichen Analyse der Entwicklung von Bildungsaspirationen werden lineare Wachstumskurvenmodelle geschätzt. Alternative Modellierungen, die beispielsweise einen Einbruch der Bildungsaspirationen mit dem Übergang in das gegliederte Schulsystem ermöglichen, liefern keine statistisch signifikanten Befunde. In die Analysen werden maximal vier Erhebungen pro Befragungsperson einbezogen: von Welle 1 Mitte der dritten Grundschulklasse bis Welle 4 Mitte der fünften Klasse in der Sekundarstufe I. Befragungspersonen mit nur einer gültigen Erhebung wurden ausgeschlossen. Es wird ein Random Intercept und Random Slope auf Individualebene eingeführt, dass Individuen nicht nur unterschiedlich hohe Aspirationen zu den verschiedenen Zeitpunkten aufweisen, sondern deren Entwicklungsverläufe ebenfalls variieren. Die Zugehörigkeit zu Schulklassen wurde hier, anders als in den Querschnittsmodellen, nicht als weitere Ebene modelliert, da sich der Klassenkontext zum letzten Erhebungszeitpunkt, also mit dem Übertritt in die Sekundarstufe, ändert. In den Wachstumskurvenmodellen liegt der Fokus auf den Slope-Effekten, also der gruppenspezifischen Veränderung von Aspirationen nach Migrationshintergrund unter sukzessiver Hinzunahme erklärender Variablen.

Sowohl in den quer- als auch in den längsschnittlichen Analysen der Bildungsaspirationen werden bei eine Reihe unabhängiger Variablen fehlende Werte unter Verwendung von Missing-Dummies kontrolliert. Diese Entscheidung wurde aufgrund der recht hohen Anzahl fehlender Werte auf der abhängigen Variablen getroffen (siehe Fallzahlen in Tabelle 14). Auf diesem Wege wurde der zusätzliche Verlust von analysierbaren Fällen durch fehlende Werte auf unabhängigen Variablen vermieden, was insbesondere mit Blick auf die vergleichsweise geringe Fallzahl der Migranten in BiKS-8-14 relevant ist.

---

13 ICC des Nullmodells mit Random Intercept auf Schulklassenebene: 8%.

3 Empirische Untersuchungen

Im Folgenden werden die Ergebnisse der empirischen Analysen berichtet. Die Untersuchungen gliedern sich in drei Teile: Zuerst steht der Zeitvergleich primärer und sekundärer Effekte sozialer Herkunft im Vordergrund (4.1). Anschließend folgen Befunde mit Fokus auf Familien mit Migrationshintergrund. Dabei wird die Rolle primärer und sekundärer Effekte für Migranten und Einheimische vergleichend untersucht (4.2) und die Determinanten sowie die Entwicklung der Bildungsaspirationen von Eltern mit Migrationshintergrund in den Blick genommen (4.3).

Die drei empirischen Kapitel sind jeweils folgendermaßen gegliedert: Zuerst werden die aus Theorie und dem Forschungsstand abgeleiteten Untersuchungsfragen und Hypothesen spezifiziert. Nach einer Beschreibung der jeweils verwendeten Variablen folgen die Darstellung der empirischen Analysen und eine kurze Zusammenfassung der zentralen Ergebnisse.

3.1 Soziale Herkunftseffekte im Wandel[14]

3.1.1 Forschungsfragen und Hypothesen

Die folgenden empirischen Analysen gehen der Frage nach, ob und inwiefern sich die Bedeutung von primären und sekundären Herkunftseffekten für den Übergang in die Sekundarstufe in den letzten Jahrzehnten verändert hat. Hierfür wird ein Zeitvergleich zweier hessischer Stichproben aus den Jahren 1969 und 2007 vorgenommen.

Da für den Sozialisationsort Familie eine hohe Stabilität in den Wirkweisen sozial bedingter Ressourcenausstattungen angenommen werden kann (Klein et al. 2010) und im deutschen Kontext nur in eingeschränktem Maße von einer Kompensation differentieller elterlicher Förderung durch den Kindergarten auszugehen ist (Kratzmann und Schneider 2008; 2009), ist nicht zu erwarten, dass

---

14 Die folgenden Ausführungen entsprechen in weiten Teilen dem Manuskript Relikowski und Meulemann 2012.

primäre Effekte in den letzten Jahrzehnten einem merklichen Wandel unterworfen waren (siehe Kapitel 2.2). Die in Deutschland beobachtete (leichte) Abnahme der sozialen Bildungsdisparitäten am Übergang in die Sekundarstufe sollte demnach weniger aus einer Reduktion der primären, sondern vielmehr der sekundären Effekte resultieren (Becker 2010c; Klein et al. 2010). Der relative Anteil des sekundären Effekts sollte daher 1969 höher sein als 2007. Wie in Kapitel 2.2 ausführlich dargestellt, lassen sich Argumente der allgemeinen Wohlstandssteigerung, veränderten Ertragserwartung an Bildungsabschlüsse und des Ausgleich geschlechtsspezifischer Disparitäten anführen.

Darüber hinaus können veränderte institutionelle Rahmenbedingungen im hessischen Schulsystem für die Untersuchungsstichproben bedeutsam sein. Anders als beispielsweise Bayern verfolgte Hessen schon früh das politische Ziel, die strikte Dreigliedrigkeit des Schulsystems aufzuweichen. Mit der Prämisse, durch weniger Auslese größere Chancengleichheit zu bewirken, begann Hessen im Jahr 1956 die Förderstufe sukzessive einzuführen, welche durch schulformunabhängigen Unterricht in den Klassenstufen fünf und sechs einen Aufschub der Sekundarschulwahl um zwei Jahre ermöglichte. Durch die Einführung von integrierten Gesamtschulen Mitte der 1960er Jahre wurde das Prinzip des gemeinsamen Unterrichts von der Förderstufe auf die Mittel- und Oberstufe systematisch ausgeweitet, bis diese Schulform schließlich 1982 als Regelschule gesetzlich institutionalisiert wurde (Dörger 2007). Mit Blick auf die beiden hessischen Untersuchungsstichproben sei also festgehalten, dass es sowohl 1969 als auch 2007 Möglichkeiten gab, die Entscheidung für eine konkrete Sekundarschulform noch einige Zeit hinauszuzögern.

Bezüglich der geltenden Zugangsregeln für weiterführende Schulen wurden gravierende Änderungen vorgenommen. Während 1969 die Empfehlung durch die Grundschullehrkraft in Hessen noch bindenden Charakter hatte, ist dies seit 1991 nicht mehr der Fall. Den Eltern wird zwar nach eingehender Beratung durch die Schule eine Empfehlung ausgesprochen, doch treffen diese die Übertrittsentscheidung selbst – auch gegen schulische Leistungskriterien. Eine mögliche Korrektur seitens der Schule erfolgt nachträglich in der Sekundarstufe, falls die Leistungsanforderungen durch den Schüler/ die Schülerin nicht erfüllt werden. Wie in Kapitel 2.2 ausgeführt, kann angenommen werden, dass elterliche Bildungsentscheidungen sozial selektiver ausfallen als solche, die durch die Lehrkraft vorgegeben werden. Im Falle Hessens würde dies bedeuten, dass sich durch die Abschaffung der verbindlichen Lehrerempfehlung im Zeitvergleich heute sogar mehr Möglichkeiten zur Entfaltung sekundärer Herkunftseffekte ergeben könnten. Wenn diese Überlegungen zutreffen, könnten institutionelle Veränderungen des hessischen Bildungswesens den sekundären Effekt verstärkt haben.

Die Reformen des Schulwesens hinsichtlich eines Aufschubs der Bildungsentscheidung sprechen also für einen Rückgang, die Veränderungen der Übertrittsregelungen für einen Anstieg des sekundären Effekts. Während die Reformen der Schulformen die herkömmliche Dreiteilung der Sekundarschule weitestgehend unangetastet gelassen haben, betreffen die Veränderungen der Übertrittsregelungen hingegen alte wie neue Schulformen und damit jedes Elternhaus. Per saldo sollten Veränderungen des institutionellen Entscheidungsspielraums also den sekundären Effekt verstärkt haben.

Hinsichtlich der Veränderungen des elterlichen Entscheidungskalküls auf der einen Seite und des institutionellen Entscheidungsspielraum auf der anderen Seite ergibt sich damit kein eindeutiges Bild. In der ersten Perspektive sollten die sekundären Effekte zurückgehen, in der zweiten Perspektive sollten sie anwachsen. Welche Aussage zutreffend ist, muss empirisch geklärt werden.

Darüber hinaus soll für die Untersuchung primärer und sekundärer Effekte im Zeitvergleich der Frage nachgegangen werden, welche Rolle zum einen die soziale Klasse und zum anderen der Bildungsgrad der Eltern spielen. Internationale Studien haben eine hohe Korrelation zwischen der elterlichen Bildung und den Ergebnissen in Leistungstests gefunden, während die Klassenposition der Eltern einen geringeren Zusammenhang mit den Testergebnissen aufweist (Bos et al. 2007). Dies könnte bedeuten, dass primäre Effekte in höherem Maße durch das elterliche Bildungsniveau bestimmt sind als über die berufliche Position. Eine offene Frage ist dabei, inwiefern primäre Effekte diesbezüglich einem zeitlichen Wandel unterworfen sind. Hinsichtlich sekundärer Effekte könnte angenommen werden, dass sich die Wirkmechanismen der zwei Dimensionen sozialer Herkunft voneinander unterscheiden und im Verlaufe der Bildungsexpansion einem Bedeutungswandel unterworfen waren. Sinkende Bildungskosten und Wohlstandssteigerung könnten dabei zu einer Verringerung der sekundären Effekte sozialer Klassenzugehörigkeit beigetragen haben, während der Bildungshintergrund an relativem Einfluss gewonnen hat (vgl. Kapitel 2.2). Zudem wird mit Blick auf die institutionellen Veränderungen in Hessen angenommen, dass durch stärkere Einflusschancen der Eltern Statusmerkmale an Bedeutung gewinnen, die nicht nur allgemeine Ressourcen für Lebensführung sind (wie Beruf und Einkommen), sondern solche, die nahe am Bildungswesen liegen und für Mittel der spezifischen Einflussnahme stehen (wie erworbene Bildungsabschlüsse und kulturelle Ressourcen).

3.1.2 Variablenbeschreibung

Es folgt eine kurze Übersicht, der in den folgenden Analysen verwendeten Variablen. Deskriptive Maßzahlen lassen sich Tabelle 1 entnehmen.

In beiden Stichproben wird die Schulform als abhängige Variable dichotom gebildet: 1 = Gymnasium, 0 = andere Schulformen. Die Sekundarschulform wurde in den BiKS-Daten nach dem Übergang auf die weiterführenden Schulen erhoben (Welle 4). Eine Reihe von Eltern gab im Interview während der fünften Klasse an, dass ihre Kinder das Gymnasium besuchten, obwohl diese auf eine Gesamtschule gewechselt waren. Hier ist davon auszugehen, dass es sich um den gymnasialen Zweig der kooperativen Gesamtschule handelt, weshalb diese Fälle in den Analysen der Schulform Gymnasium zugewiesen wurden.

Zur Operationalisierung der unabhängigen Variablen in der BiKS-Stichprobe wird im Wesentlichen auf Daten der dritten Erhebungswelle aus dem Frühjahr 2007 zurückgegriffen, als sich die Kinder im zweiten Halbjahr der vierten Grundschulklasse befanden. Lediglich bei einzelnen unabhängigen Variablen – welche als zeitkonstant betrachtet werden können – werden Angaben aus der ersten Welle (zweites Halbjahr dritte Klasse) genutzt.

Als Kontrollvariable geht zum einen die Anzahl der Geschwister ein. Während diese in GRUND1969 lediglich vierstufig abgefragt wurde (Ausprägungen: 0, 1, 2, 3 und mehr Geschwister) und von daher in die entsprechenden Analysen als quasi-metrisch einfließt, wird in den Analysen der BiKS-Stichprobe die absolute Geschwisterzahl aufgenommen. Zum anderen wird in beiden Stichproben das Geschlecht berücksichtigt (1 = Mädchen, 0 = Jungen). Darüber hinaus wird in der BiKS-Stichprobe – anders als in GRUND1969 – sowohl in der kontrafaktischen Analyse als auch in den Logit-Modellen der Migrationshintergrund kontrolliert, der 1969, als migrantenspezifische Ungleichheiten noch keine Rolle spielten, nicht erhoben wurde. In den kontrafaktischen Analysen wird die Variable auf die Gruppe der Einheimischen fixiert. Als Einheimische gelten dabei alle Schüler/-innen, deren Elternteile beide in Deutschland geboren wurden. Ist mindestens ein Elternteil im Ausland geboren, werden diese Fälle der Gruppe mit Migrationshintergrund zugewiesen. Auf eine Berücksichtigung weiterer Kontrollvariablen – wie etwa des Geschlechts des Kindes – wurde in den kontrafaktischen Modellen verzichtet, da die Fixierung auf eine bestimmte Ausprägung (z.B. weiblich) dazu führen würde, dass nur noch Aussagen hinsichtlich der primären und sekundären Effekte dieser Gruppe möglich wären.

Die Schulleistungen werden durch einen Notendurchschnitt in den Fächern Deutsch, Mathematik und Sachunterricht wiedergegeben. Die Noten entstammen dem übertrittsrelevanten Halbjahreszeugnis der vierten Grundschulklasse. In GRUND1969 wurde vorab ein Durchschnitt aus der separat erfassten schriftlichen und mündlichen Deutschnote gebildet, so dass diese – analog zu den anderen beiden Fächern – zu einem Drittel in die Gesamtdurchschnittsnote einfließt. Die Noten wurden rekodiert (so dass ein höherer Wert für eine bessere Note steht).

In beiden Stichproben wurde außerdem ein Wortschatztest durchgeführt. Der in Welle 3 erhobene Test in BiKS-8-14 ist eine Subskala des CFT 20 (Weiß 1998). In GRUND1969 wurde der WST 5-6 administriert (Anger et al. 1965).

3.1 Soziale Herkunftseffekte im Wandel

Zur Erfassung der beruflichen Stellung wurde in beiden Stichproben das Berufsprestige des Elternhauses mit der Prestigeskala von Treiman (1977) abgebildet. Während in BiKS der höchste Prestige-Wert im Haushalt einfließt, wurde in GRUND1969 auf die Fragebogenangaben zum Beruf des Vaters zurückgegriffen. Aufgrund der geringen Erwerbsbeteiligung von Müttern zur damaligen Zeit sollte dies in den meisten Fällen jedoch ebenso das höchste Prestige im Haushalt widerspiegeln.

Tabelle 1: Soziale Herkunftseffekte im Wandel: Deskriptive Maßzahlen verwendeter Variablen

	M	SD	min.	max.	n
1969					
Gewählte Schulform					348
Gymnasium	0,18	0,39	0	1	
Andere Schulform	0,82	0,39	0	1	
Anzahl der Geschwister	1,43	1,02	0	3	281
Geschlecht des Kindes					348
Mädchen	0,51	0,50	0	1	
Jungen	0,49	0,50	0	1	
Durchschnittsnote (rekodiert)	3,98	0,79	1,83	5,67	348
Wortschatztest (WST 5-6)	50,12	19,37	11	107	330
Berufsprestige des Vaters	44,32	11,93	15	78	334
Höchste soz. Klasse im Haushalt					323
Arbeiterklasse	0,39	0,49	0	1	
Mittlere soz. Klasse	0,42	0,50	0	1	
Dienstklasse	0,19	0,40	0	1	
Höchster Schulabschluss im Haushalt					284
Max. Hauptschulabschluss	0,47	0,50	0	1	
Realschulabschluss	0,39	0,49	0	1	
(Fach-)Abitur	0,14	9,35	0	1	
Anzahl der Bücher im Haushalt					272
< 75	0,43	0,50	0	1	
75-150	0,23	0,42	0	1	
150+	0,34	0,47	0	1	

	M	SD	min.	max.	n
2007					
Gewählte Schulform					545
Gymnasium	0,56	0,50	0	1	
Andere Schulform	0,44	0,50	0	1	
Migrationshintergrund					545
Mind. ein Elternteil im Ausland geboren	0,30	0,46	0	1	
Beide Eltern in Deutschland geboren	0,70	0,46	0	1	
Anzahl der Geschwister	1,30	1,04	0	9	545
Geschlecht des Kindes					545
Mädchen	0,47	0,50	0	1	
Jungen	0,53	0,50	0	1	
Durchschnittsnote (rekodiert)	4,54	0,77	2	6	545
Wortschatztest (CFT 20)	18,99	4,75	3	28	516
Höchstes Berufsprestige im Haushalt	47,39	12,91	18	78	499
Höchste soziale Klasse im Haushalt					535
Arbeiterklasse	0,14	0,34	0	1	
Mittlere soz. Klasse	0,28	0,45	0	1	
Dienstklasse	0,58	0,49	0	1	
Höchster Schulabschluss im Haushalt					529
Max. Hauptschulabschluss	0,13	0,34	0	1	
Realschulabschluss	0,36	0,48	0	1	
(Fach-)Abitur	0,51	0,50	0	1	
Anzahl der Bücher im Haushalt					538
<51	0,12	0,33	0	1	
51-100	0,17	0,38	0	1	
>100	0,71	0,46	0	1	

Anmerkungen: Quelle: Eigene Berechnungen auf Basis von ZA0826 und BiKS-8-14. Fälle mit gültigen Schulform- und Notenangaben sowie bei BiKS-Daten mit gültiger Angabe des Migrationshintergrunds berücksichtigt.

Darüber hinaus wird die soziale Klasse der Eltern in Anlehnung an das EGP-Klassenschema gebildet (Erikson et al. 2005; Erikson et al. 1979). Die Klassifizierung erfolgt in drei Hauptkategorien: Arbeiterklasse = EGP VI und VII, mittlere soziale Klasse = EGP III, IV und V sowie Dienstklasse = EGP I und II. Dabei wird die höhere soziale Klasse der beiden Eltern berücksichtigt.

Der Bildungshintergrund der Eltern wurde dreistufig operationalisiert. Es werden folgende Kategorien zusammengefasst: kein Schulabschluss und Hauptschulabschluss, Realschulabschluss/Mittlere Reife und mindestens (Fach-)Abitur. Auch hier wurde der höhere Bildungsgrad der beiden Eltern herangezogen.

Zudem wurde die Anzahl der Bücher im Haushalt als Indikator für das kulturelle Kapital in den beiden verwendeten Datensätzen, allerdings in unterschiedlichen Kategorien, erhoben. In den 1969er Daten wird unterschieden zwischen 0 = weniger als 75 Bücher, 1 = zwischen 75 und 150 Bücher und 2 = mehr als 150 Bücher. Dagegen ergeben sich für die BiKS-Daten folgende Ausprägungen: 0= bis 50 Bücher, 1= zwischen 51 und 100 Bücher, 2= mehr als 100 Bücher.[15]

3.1.3 Ergebnisse

Übergänge auf die Sekundarschulformen

Nach Ausschluss von Fällen aufgrund fehlender Werte bei relevanten Variablen ergeben sich je nach Analyse 251 bis 323 Kinder aus 11 Schulklassen in GRUND1969 und 456 bis 535 Kinder aus 52 bzw. 53 Schulklassen in BiKS-8-14. Tabelle 2 gibt einen Überblick zu den Sekundarschulübertritten in den beiden Datensätzen.

Während 1969 der Großteil der Schüler/-innen auf die Förderstufe übergetreten ist (52%), wechselte 2007 die Mehrheit auf das Gymnasium (56%). Die Förderstufe hat als Alternative deutlich an Bedeutung verloren; in der BiKS-Stichprobe entschieden sich lediglich noch knapp 7% für diese. Die Einführung der Gesamtschule in Hessen hat zudem zu einer starken Verschiebung innerhalb der weiterführenden Schulen geführt: etwa 20% der Stichprobe von 2007 wählte die Integrierte Gesamtschule ohne eine klare Zweigwahl für Hauptschule, Realschule oder das Gymnasium.[16] Die übrigen Sekundarschultypen haben an Zulauf eingebüßt: Während 1969 noch 11% auf die Hauptschule und 17% auf die Realschule wechselten, betrugen die entsprechenden Anteile 2007 nur noch 3% und knapp 14%. Die stärkste Zunahme im Zeitvergleich zeigt sich an den Gymnasien (mit einer Erhöhung um knapp 38 Prozentpunkte).

Die durchschnittliche Übergangsrate auf das Gymnasium wird in GRUND1969 mit 18% unterschätzt, da laut amtlicher Statistik 1970/71 29% der Schüler/-innen in der hessischen Sekundarstufe das Gymnasium besucht haben. Bei diesem Vergleich ist aber zu beachten, dass die amtliche Statistik für 1970/71 lediglich die Bildungsbeteiligung über alle Jahrgangsstufen der Sekundarschulformen hinweg erfasst hat und nicht explizit die anteiligen Übertritte in

---

15 Die Grundschulempfehlung durch die Lehrkraft für die weiterführende Schulform kann in den Analysen leider nicht berücksichtigt werden, da ein entsprechender Indikator in GRUND1969 nicht vorliegt.
16 All die Schüler/-innen, die einen dieser Zweige innerhalb der Gesamtschule besuchen, wurden in Tabelle 1 der entsprechenden Schulform zugewiesen.

die fünfte Klasse. In der BiKS-Stichprobe zeigt sich dagegen eine Verzerrung in Richtung einer Überschätzung der Gymnasialübertritte: Die Zahlen der amtlichen Statistik zu den Übergängen an weiterführende Schulen weisen für das Schuljahr 2007/08 einen Gymnasialanteil von ca. 44% aus, also 12 Prozentpunkte weniger als in der BiKS-Studie (Daten des Hessischen Statistischen Landesamtes, bei der Autorin erhältlich).

Tabelle 2: Soziale Herkunftseffekte im Wandel: Verteilung der Schüler/-innen auf die Schulformen 1969 und 2007

	1969						2007					
	Gesamt		*Mädchen*		*Jungen*		*Gesamt*		*Mädchen*		*Jungen*	
	n	%	n	%	n	%	n	%	n	%	n	%
Gymnasium	64	18,39	23	12,92	41	24,12	305	55,96	152	58,91	153	53,31
Hauptschule	40	11,49	15	8,43	25	14,71	18	3,30	6	2,33	12	4,18
Realschule	60	17,24	39	21,91	21	12,35	74	13,58	36	13,95	38	13,24
Gesamtschule	0	0,00	0	0,00	0	0,00	111	20,37	48	18,60	63	21,95
Förderstufe	182	52,30	99	55,62	83	48,82	37	6,79	16	6,20	21	7,32
Sonderschule	1	0,29	1	0,56	0	0,00	0	0,00	0	0,00	0	0,00
Sonstiges	1	0,29	1	0,56	0	0,00	0	0,00	0	0,00	0	0,00
Gesamt	348	100	178	100	170	100	545	100	258	100	287	100

Anmerkungen: Quelle: Eigene Berechnungen auf Basis von ZA0826 und BiKS-8-14. Stichprobe mit gültigen Notenangaben sowie bei BiKS-Daten mit gültiger Angabe des Migrationshintergrunds berücksichtigt.

Bezüglich geschlechtsspezifischer Disparitäten macht sich die Chancenverbesserung der Mädchen im Zeitvergleich insbesondere anhand der Zunahme der Gymnasial- und Abnahme der Realschulübertritte bemerkbar. Wechselten 1969 nur etwa halb so viele Mädchen wie Jungen auf das Gymnasium, so hat sich der Anteil nun zuungunsten der Jungen verschoben (59% der Mädchen vs. 53% der Jungen mit Gymnasialübertritt).

Ergebnisse der kontrafaktischen Dekomposition von primären und sekundären Herkunftseffekten

Tabelle 3 gibt für beide Stichproben die faktischen und kontrafaktischen Anteile der Gymnasialübertritte nach sozialer Klasse (im oberen Tabellenabschnitt) und Bildungshintergrund (im unteren Tabellenabschnitt) wieder.

3.1 Soziale Herkunftseffekte im Wandel

Tabelle 3: Soziale Herkunftseffekte im Wandel: Faktische und kontrafaktische Anteile von Gymnasialübertritten (in Prozent)

Soziale Klasse

1969 (n=323)	Sekundäre Effekte					
Primäre Effekte	Arbeiterklasse		Mittlere soz. Klasse		Dienstklasse	
Arbeiterklasse	P_{aa} =	6,4	P_{am} =	8,4	P_{ad} =	20,8
Mittlere soz. Klasse	P_{ma} =	14,2	P_{mm} =	17,6	P_{md} =	36,3
Dienstklasse	P_{da} =	20,9	P_{dm} =	25,6	P_{dd} =	48,4
2007 (n=535)	Sekundäre Effekte					
Primäre Effekte	Arbeiterklasse		Mittlere soz. Klasse		Dienstklasse	
Arbeiterklasse	Pww =	15,5	Pwi =	27,5	Pws =	28,8
Mittlere soz. Klasse	Piw =	32,3	Pii =	50,0	Pis =	51,6
Dienstklasse	Psw =	42,7	Psi =	61,7	Pss =	63,4

Bildung

1969 (n=284)	Sekundäre Effekte					
Primäre Effekte	Hauptschulabschluss		Realschulabschluss		Abitur	
Hauptschulabschluss	P_{hh} =	3,7	P_{hr} =	11,7	P_{ha} =	21,2
Realschulabschluss	P_{rh} =	10,4	P_{rr} =	27,0	P_{ra} =	42,4
Abitur	P_{ah} =	14,4	P_{ar} =	35,9	P_{aa} =	53,8
2007 (n=529)	Sekundäre Effekte					
Primäre Effekte	Hauptschulabschluss		Realschulabschluss		Abitur	
Hauptschulabschluss	P_{hh} =	23,1	P_{hr} =	25,4	P_{ha} =	37,9
Realschulabschluss	P_{rh} =	35,6	P_{rr} =	38,6	P_{ra} =	53,3
Abitur	P_{ah} =	56,3	P_{ar} =	59,5	P_{aa} =	73,2

Abkürzungen: Soziale Klasse: a = Arbeiterklasse, m = mittlere soziale Klasse, d = Dienstklasse
Bildung: h = Hauptschulabschluss, r = Realschulabschluss, a = Abitur
1. Index: Leistungsverteilung
2. Index: Konditionale Übertrittswahrscheinlichkeit

Anmerkungen: Quelle: Eigene Berechnungen auf Basis von ZA0826 und BiKS-8-14. Analysen basieren auf binären logistischen Regressionen mit robusten Standardfehlern. Bei BiKS-8-14 Kontrolle des Migrationshintergrunds.

Die faktischen Anteile auf den Diagonalen (nach sozialer Klasse: Arbeiterklasse = P_{aa} / mittlere soziale Klasse = P_{mm} / Dienstklasse = P_{dd}; sowie nach Bildung: Hauptschulabschluss = P_{hh} / Realschulabschluss = P_{rr} / Abitur = P_{aa}) stellen dabei die empirischen Verteilungen in den Daten dar. Wie man anhand der klein geschriebenen Suffixe nachvollziehen kann, ergibt der Vergleich eines faktischen Anteils auf der Diagonale mit den kontrafaktischen Anteilen außerhalb der Diagonale. Die Differenzen zwischen den Zeilen spiegeln dabei den primären Effekt, die Spaltendifferenzen den sekundären Effekt wider.

Erwartungsgemäß zeigt sich im Zeitvergleich, dass sich zwar die relativen Anteile der Gymnasialübertritte für alle Herkunftsgruppen erhöht haben, diese jedoch zu beiden Beobachtungszeitpunkten nach sozialer Klassenzugehörigkeit und dem Bildungshintergrund stratifiziert sind. Anhand des Vergleichs faktischer und kontrafaktischer Anteile wird ersichtlich, dass die Differenzen zwischen den sozialen Gruppen unterschiedlich stark ausgeprägt sind, was bereits erste Schlüsse darüber zulässt, in welchem Ausmaß primäre und sekundäre Effekte für sozial selektive Gymnasialübertritte verantwortlich sind. Dies soll beispielhaft verdeutlicht werden:

Sehr stark ausgeprägte Ungleichheiten ergeben sich etwa aus der kontrafaktischen Gegenüberstellung von Eltern mit Abitur und solchen mit Hauptschulabschluss. 1969 wechselten 53,8% der Kinder von Eltern mit Abitur auf das Gymnasium (P_{aa}). Eine Anpassung der Leistungen an Kinder von Eltern mit Hauptschulabschluss (P_{ha}) würde den Gymnasialanteil auf 21,2% reduzieren. Bei Konstanthalten der Leistungen und Annahme der bedingten Übertrittswahrscheinlichkeiten der Kinder von Eltern mit Hauptschulabschluss (P_{ah}), würde sich dieser Anteil auf lediglich 14,4% verringern. Sowohl Lei-stungsdifferenzen als auch Unterschiede im Übertrittsverhalten tragen also deutlich zum Gesamteffekt sozialer Ungleichheit bei. Jedoch ist der primäre Effekt (53,8% – 21,2%) kleiner als der sekundäre (53,8% – 14,4%). 2007 reduziert sich der Anteil an Gymnasialübertritten von 73,2% (P_{aa}) auf 56,3% (P_{ah}) aufgrund von sekundären Effekten und auf 37,9% (P_{ha}) aufgrund von primären Effekten. Obwohl anteilig sehr viel häufiger auf das Gymnasium gewechselt wird, zeigt dieser Vergleich deutlich, dass zwar nach wie vor beide Herkunftseffekte wirken, sich aber das relative Gewicht vom sekundären auf den primären Effekt verschoben hat.

Weiterhin weisen die Analysen darauf hin, dass sich für bestimmte Gruppenvergleiche kaum Unterschiede ergeben, insbesondere hinsichtlich der sekundären Effekte (bei Konstanthaltung der klassenspezifischen Leistungen und kontrafaktischer Veränderung der bedingten Übertrittsneigung auf das Gymnasium). Im Jahr 1969 betrifft dies speziell die Kontrastierung der niedrigen (a) und mittleren (m) sozialen Klasse. Nähmen hier etwa Kinder der mittleren sozialen Klasse das Übertrittsverhalten der Arbeiterklasse an (P_{ma}), so würde sich der Anteil der Gymnasialbesuche lediglich von 17,6% (P_{mm}) auf 14,2% reduzieren, wohingegen der analoge Vergleich für 2007 sehr deutliche sekundäre Differenzen zu Tage treten lässt (P_{mm} = 50,0% vs. P_{ma} = 32,3%). Umgekehrt ergibt sich für 2007 ein ganz ähnliches Muster bei einer Kontrastierung von Dienstklasse und mittlerer sozialer Klasse: Während hier kaum ein sekundärer Effekt auszumachen ist

3.1 Soziale Herkunftseffekte im Wandel

(P_{dd} = 63,4% vs. P_{dm} = 61,7%), tritt dieser im entsprechenden Vergleich für die 1969er-Stichprobe deutlich hervor (P_{dd} = 48,4% vs. P_{dm} = 25,6%). Diese Ergebnisse weisen darauf hin, dass sich die Klassenunterschiede hinsichtlich des Übertrittsverhaltens im Zeitverlauf verschoben haben: Waren sich diesbezüglich 1969 die mittleren und niedrigen sozialen Klasse sehr ähnlich, so sind es 2007 die hohe und mittlere soziale Klasse.

Was sich in den faktischen und kontrafaktischen Anteilen andeutet, kann nun mittels der Log Odds Ratios zwischen den einzelnen sozialen Herkunftsgruppen konkreter veranschaulicht werden. Tabelle 4 zeigt die Höhe der primären und sekundären Effekte nach beiden möglichen Berechnungsmethoden, die Höhe des Gesamteffekts sowie den relativen Anteil des sekundären Effekts am Gesamteffekt, gemittelt über die beiden Berechnungsmethoden. Analog zu Tabelle 3 werden im oberen Tabellenabschnitt die Effekte in beiden Stichproben nach sozialer Klassenzugehörigkeit und im unteren Tabellenabschnitt die Effekte nach dem Bildungshintergrund berichtet.

Die Vergleiche zwischen den höchsten und niedrigsten Herkunftsgruppen nach sozialer Klasse und Bildung zeigen 1969 jeweils einen starken primären sowie sekundären Effekt. Dabei ist der sekundäre Effekt nach Bildungshintergrund besonders deutlich ausgeprägt (Abitur vs. Hauptschulabschluss: 1,94), was in einem sehr hohen Gesamteffekt von 3,41 resultiert. Für das Jahr 2007 finden sich hingegen nach wie vor hohe primäre Effekte. Eine Bedeutungsverlagerung etwa von der sozialen Klassenposition hin zum Bildungsniveau der Eltern ist dabei generell nicht feststellbar. Die sekundären Effekte hingegen fallen in der BiKS-Stichprobe deutlich geringer aus; insgesamt ergeben sich daraus eine Abnahme des Gesamteffekts (insbesondere nach dem Bildungsniveau) und eine Reduktion des relativen Anteils sekundärer Effekte. Während 1969 der sekundäre Effekt beim Vergleich von Dienst- und Arbeiterklasse ca. 50% des Gesamteffekts sozialer Herkunft ausmachte, betrug 2007 der entsprechende Anteil ca. 36%. Eine noch deutlichere Differenz dieses relativen Anteils ergibt sich bezüglich des Vergleichs von hoch und niedrig gebildeten Eltern. Hier betrugen die Anteile des sekundären Effekts am Gesamteffekt 1969 knapp 57%, 2007 dagegen ca. 33%.

Bedeutet dieses Ergebnis nun, dass sich die Herkunftseffekte aufgrund einer Reduktion des sekundären Effekts insgesamt verringert haben? Dies ist mit wenigen Einschränkungen zu bestätigen, welche jeweils die Vergleiche mit den mittleren Kategorien nach sozialer Klasse und Bildung betreffen. Die in Tabelle 3 belegten schwachen sekundären Effekte im Vergleich der mittleren und niedrigen sozialen Klasse 1969 sind bei Prüfung durch Log Odds Ratios nicht mehr signifikant, wohingegen bei analogem Gruppenvergleich 2007 neben relativ ähnlichen primären Effekten durchaus substantielle sekundäre Effekte feststellbar sind. Daraus resultiert in diesem Fall ein geringerer Gesamteffekt für das Jahr 1969 (1,14 vs. 1,70 in 2007). Des Weiteren findet sich eine Erhöhung des

Tabelle 4: Soziale Herkunftseffekte im Wandel: Primäre und sekundäre Effekte am Übergang in das Gymnasium

	Primärer Effekt		Sekundärer Effekt		Gesamt-effekt	Anteil sekundärer Effekt (%)
	Methode 1	Methode 2	Methode 1	Methode 2		
Soziale Klasse						
1969						
Mittlere soz. Klasse/Arbeiterklasse	0,88**	0,86**	0,26	0,29	1,14*	24
Dienstklasse/Arbeiterklasse	1,35**	1,27**	1,27**	1,35**	2,62**	50**
Dienstklasse/mittlere soz. Klasse	0,47*	0,50**	1,00**	0,98**	1,48**	67**
2007						
Mittlere soz. Klasse /Arbeiterklasse	0,96**	0,97**	0,74**	0,73*	1,70**	43**
Dienstklasse/Arbeiterklasse	1,41**	1,45**	0,84**	0,79**	2,25**	36**
Dienstklasse/mittlere soz. Klasse	0,48**	0,48**	0,07	0,07	0,55**	13*
Bildung						
1969						
Real-/Hauptschulabschluss	1,10**	1,03**	1,16**	1,23**	2,26**	53**
Abitur/Hauptschulabschluss	1,47**	1,47**	1,94**	1,94**	3,41**	57**
Abitur/Realschulabschluss	0,41 +	0,46*	0,74*	0,69 +	1,15**	62 +
2007						
Real-/Hauptschulabschluss	0,61**	0,61**	0,13	0,12	0,74*	17*
Abitur/Hauptschulabschluss	1,45**	1,50**	0,75**	0,71**	2,21**	33**
Abitur/Realschulabschluss	0,85**	0,87**	0,62**	0,60**	1,47**	42**

Anmerkungen: Quelle: Eigene Berechnungen auf Basis von ZA0826 und BiKS-8-14. Analysen basieren auf binären logistischen Regressionen mit robusten Standardfehlern. Bootstrap-Verfahren mit 100 Replikationen. Bei BiKS-8-14 Kontrolle des Migrationshintergrunds. Anteil des sekundären Effekts gemittelt über Methode 1 und 2. Darstellung der Effekte in Log Odds Ratios:
Methode 1: primärer Effekt = $\ln(Odds\_ij/Odds\_jj)$; sekundärer Effekt: $\ln(Odds\_ii/Odds\_ij)$
Methode 2: primärer Effekt = $\ln(Odds\_ii/Odds\_ji)$; sekundärer Effekt: $\ln(Odds\_ji/Odds\_jj)$
** signifikant bei p<0.01, * signifikant bei p<0.05, + signifikant bei p<0.1

Gesamteffekts, stellt man Eltern mit Realschulabschluss und Abitur einander gegenüber (von 1,15 auf 1,47). Dies ist allerdings nicht auf eine Erhöhung des sekundären, sondern des primären Effekts zurückzuführen. Das heißt, dass 2007 ein deutlich größerer Leistungsunterschied zwischen Kindern feststellbar ist, deren Eltern ein Abitur anstelle eines Realschulabschlusses erreicht haben. Von einer Zunahme des primären Effekts kann also nur in diesem Gruppenvergleich die Rede sein; in allen anderen Vergleichen ist er stabil.

Was diskriminiert stärker hinsichtlich sozialer Herkunftseffekte im Zeitvergleich soziale Klassenzugehörigkeit oder Bildungshintergrund? Hier ist kein genereller Trend festzustellen, vielmehr sind es einzelne Subgruppen, die sich von anderen mehr oder weniger stark unterscheiden. Anders als angenommen kommt damit dem Bildungshintergrund keine wachsende Bedeutung in Relation zur sozialen Klasse zu. Betrachtet man die jeweiligen Gesamteffekte im Zeitvergleich, zeichnet sich für 1969 sogar eine größere soziale Ungleichheit nach Bildung als nach sozialer Klasse ab, was 2007 nicht mehr vorzufinden ist. Wie bereits beschrieben, sind die Diskrepanzen zwischen Arbeiter- und Dienstklasse sowie den Familien mit hohem und niedrigem Bildungshintergrund nach wie vor am deutlichsten ausgeprägt – trotz eines Rückgangs der sekundären Effekte. Was sich verändert hat, ist vor allem die Stellung der mittleren sozialen Klasse. Während (bei Stabilität der vergleichsweise schwachen primären Effekte) deren Entscheidungsverhalten 1969 dem der Arbeiterklasse entsprach, hat sich – wie auch Becker und Lauterbach (2010: 22) zeigen – die mittlere soziale Klasse 2007 dem ambitionierten Entscheidungsverhalten der Dienstklasse angeglichen. Dies könnte dadurch begründet sein, dass sich die mittlere soziale Klasse heute anders zusammensetzt als vor der Bildungsexpansion. Da sich 2007 in dieser Kategorie deutlich mehr Eltern hohen Bildungsniveaus befinden (38,4% mit Abitur vs. 5,5% in 1969), kann man auch davon ausgehen, dass sich deren Bildungsaspirationen verstärkt an die der Dienstklasse annähern und somit dieses Ergebnis möglicherweise zum Teil auf einen versteckten Bildungseffekt zurückzuführen ist.

Mit Bezug auf den Bildungshintergrund ist dagegen erkennbar, dass sich die Bedeutung des Realschulabschlusses als höchstes elterliches Bildungsniveau verändert hat. Insbesondere hinsichtlich der primären Effekte stellt 2007 ein mittlerer Abschluss einen größeren Nachteil gegenüber 1969 dar. Zugleich haben sich Eltern mit Realschulabschluss stark an das Entscheidungsverhalten der Eltern mit Hauptschulabschluss angenähert – hier ist kein signifikanter Gruppenunterschied mehr zu beobachten, während dieser 1969 deutlich ausgeprägt war. Dies kann möglicherweise darauf zurückzuführen sein, dass Realschulabsolventen im Verlauf der Bildungsexpansion zu einer weniger leistungsheterogenen Gruppe geworden sind. Während die Elterngeneration 1969 aufgrund eingeschränkter Opportunitäten häufiger die Realschule anstelle des Gymnasiums besucht hatte, standen den Eltern 2007 bereits sehr viel bessere Möglichkeiten zur Verfügung, den gymnasialen Weg einzuschlagen. Dies sollte insbesondere die Mütter der Schüler/-innen betreffen, da sich die Bildungschancen von Frauen im Laufe der Bildungsexpansion drastisch verbessert haben. Daraus ließe sich schließen, dass Eltern mit Realschulabschluss 2007 eine hinsichtlich ihrer Kompetenzen und Bildungsaspirationen schärfer selektierte Gruppe sein sollten als Eltern mit gleichem Schulabschluss 1969.

Zusammenfassend kann eine Abnahme des Gesamteffekts sozialer Herkunft aufgrund einer Reduktion des sekundären Effekts festgehalten werden. Dabei darf jedoch die Veränderung in der Bedeutung von sozialen Klassen und Schulabschlüssen in ihrem historischen Kontext nicht übersehen werden.

Ergebnisse der multiplen Regressionsanalysen

In den Regressionen des Übergangs ins Gymnasium werden der primäre und sekundäre Effekt etwas anders als in der kontrafaktischen Analyse verstanden. Während in der kontrafaktischen Analyse der primäre Effekt durch den Einfluss der Klassenlage auf die Leistung und der sekundäre Effekt durch den Einfluss der klassenlagenspezifischen Leistungen auf den Übergang ermittelt werden, ist in den Regressionen der Übergang immer die Zielvariable. Primärer und sekundärer Effekt lassen sich dann durch den Vergleich der Erklärungskraft dreier Modelle ermitteln. Das Leistungsmodell enthält nur Leistungsvariablen, das Herkunftsmodell nur Herkunftsvariablen, und das Gesamtmodell Leistungs- und Herkunftsvariablen. Die Erklärungskraft des Leistungsmodells misst, wie stark die schulischen Leistungskriterien die Übergangsentscheidung beeinflussen. Es erfasst den primären Effekt – aber in einer längeren Kausalfolge als in der kontrafaktischen Analyse: nicht nur von der Herkunft bis zur Leistung, sondern bis zum Übergang. So verstanden sollte der primäre Effekt stärker sein als in der kontrafaktischen Analyse. Die Differenz zwischen der Erklärungskraft des Gesamtmodells und der Erklärungskraft des Leistungsmodells erfasst, wie stark die Einflüsse der Herkunft auf die Übergangsentscheidung wirken, welche über die Einflüsse der Leistung hinausgehen. Sie erfasst also den sekundären Effekt. Da aber der über die Leistung überschüssige Einfluss der Herkunft auf die Übergangsentscheidung hier nicht mit dem Einfluss der Herkunft auf die Leistung, sondern auf den Übergang, also mit einem weiterreichenden und daher stärkeren Einfluss verglichen wird, sollte der sekundäre Effekt schwächer sein als in der kontrafaktischen Analyse.

Durch die Messung der sozialen Herkunft sowohl durch strukturelle als auch kulturelle Indikatoren, wird das Herkunftsmodell und damit auch das Gesamtmodell insgesamt drei Mal berechnet: für den strukturellen Indikator Beruf, für die kulturellen Indikatoren Bildung und Buchbesitz und für Beruf, Bildung und Buchbesitz zusammen. Weiterhin werden in allen Modellen die Zahl der Geschwister und das Geschlecht, in den Modellen für 2007 zusätzlich auch der Migrationshintergrund kontrolliert. Aus diesen Überlegungen ergeben sich insgesamt sieben Regressionsmodelle. Modell 1 prüft nur die Kontrollvariablen.

3.1 Soziale Herkunftseffekte im Wandel 63

Die Modelle 2, 3 und 4 vergleichen die Leistung mit der ersten strukturellen Dimension der Herkunft, dem Beruf. Modell 2 ist das Leistungsmodell, Modell 3 das Herkunftsmodell, Modell 4 das Gesamtmodell. Die Modelle 2, 5 und 6 vergleichen die Leistung mit der zweiten kulturellen Dimension der Herkunft, der elterlichen Bildung und dem Buchbesitz. Die Modelle 2, 7 und 8 vergleichen die Leistung mit beiden Dimensionen der sozialen Herkunft. Die Regressionen der Übergangsentscheidung 1969 sind in Tabelle 5, die der Übergangsentscheidung 2007 in Tabelle 6 dargestellt. Zunächst wird die erklärte Varianz der Modelle – Nagelkerkes R^2 – für jeden Zeitpunkt verglichen, dann auf die Unterschiede der erklärten Varianz zwischen den Zeitpunkten eingegangen, und schließlich die einzelnen Effekte und ihre Veränderungen beschrieben.

Vergleicht man 1969 in den Modellen 2 bis 4 Leistung mit dem Herkunftsmerkmal Beruf, so hat das Leistungsmodell einen R^2-Wert von .57, das Herkunftsmodell von .28 und das Gesamtmodell von .62. Der primäre Effekt der Leistung ist stark, der Herkunftseffekt gering und der sekundäre Effekt, der Überschuss der Erklärungskraft des Gesamtmodells über das Leistungsmodell, ist mit .62 gegenüber .57 schwach. Vergleicht man in den Modellen 2, 5 und 6 Leistung mit dem Herkunftsmerkmal Kultur und in den Modellen 2, 7 und 8 mit beiden Herkunftsdimensionen, so wächst zwar der Herkunftseffekt auf .37 und .38 an, aber der sekundäre Effekt vergrößert sich kaum auf .09 und .10.

Der Vergleich der R^2-Werte für 1969 mit 2007 zeigt, dass das Leistungsmodell keine Erklärungskraft verloren hat, sehr wohl aber die beiden Herkunftsdimensionen Beruf und kultureller Hintergrund (in den Einzelmodellen als auch in der simultanen Betrachtung). Auch die Erklärungskraft des Gesamtmodells ist leicht zurückgegangen, so dass der Überschuss über das Leistungsmodell geringer geworden ist: Er beträgt .02 und .03. Im Zeitvergleich haben also Leistungskriterien ihren Einfluss auf die Übergangsentscheidung gehalten, der primäre Effekt ist konstant geblieben. Dagegen ist der Einfluss der Herkunft und insbesondere ihr leistungsunabhängiger Einfluss, der sekundäre Effekt, zurückgegangen.

Die Gesamttendenz der Regressionen entspricht also der der kontrafaktischen Vergleiche: Der primäre Effekt der Leistung auf den Übergang ist konstant geblieben, der Herkunftseffekt und der sekundäre Effekt haben sich verringert.

Hinsichtlich der Kontrollvariablen zeigen sich folgende Effekte: Der Migrationshintergrund hat in Modell 1 keinen Einfluss. Sobald aber die Leistung kontrolliert ist, gewinnt er einen positiven Einfluss. Auf dem gleichen Leistungsniveau wie autochthone Schüler/-innen gehen Kinder mit Migrationshintergrund, wie im Sinne positiver sekundärer Effekte ethnischer Herkunft angenommen (Kristen und Dollmann 2009), eher in anspruchsvollere Schultypen über. An dieser Stelle nur als Kontrollvariable betrachtet, wird dieser Zusammenhang in Kapitel 4.2 näher beleuchtet. Die Anzahl der Geschwister hat 1969 unter Kontrolle sozialer Hintergrundmerkmale einen negativen, nur schwach signifikanten

Einfluss, welcher bei Berücksichtigung der Leistung verschwindet. Für 2007 zeigt sich dagegen in allen Modellen der schwach negative Effekt der Geschwisterzahl. Die Benachteiligung der Mädchen 1969 ist 2007 verschwunden.

Bezüglich der Leistungsindikatoren lässt sich festhalten, dass die Durchschnittsnote 1969 einen starken, 2007 sogar einen noch stärkeren Einfluss hat. Die Ergebnisse des Wortschatztests haben zu beiden Zeitpunkten einen deutlich schwächeren Einfluss als die Durchschnittsnote. Aufgrund der Verschiebung des Entscheidungsgewichts in den Übergangsregelungen von der Lehrerempfehlung hin zu einem Elternentscheid, überrascht dieses Ergebnis. Zu erwarten wäre eine stärkere Koppelung des Lehrergutachtens an die Noten.

Im Jahre 1969 gilt für die soziale Herkunft, dass mit dem Berufsprestige des Vaters und den höheren EGP-Klassen des Elternhauses der Übergang ins Gymnasium wahrscheinlicher wird. Aber das gilt nur, wenn weder die Leistung noch die kulturelle Herkunft berücksichtigt sind. Ist die Leistung kontrolliert, verschwinden die Einflüsse der beruflichen Ressourcen (Modell 4) und die der kulturellen Ressourcen reduzieren sich, bleiben aber zum Teil signifikant (Modell 6); das Gleiche gilt, wenn die beruflichen und die kulturellen Ressourcen gleichzeitig kontrolliert werden (Modell 8).

Im Jahre 2007 gilt für die soziale Herkunft ein ähnliches Muster wie 1969. Auch hier reduziert sich der Effekt der beruflichen (Modell 4) wie der kulturellen (Modell 6) Ressourcen einzeln und in Kombination (Modell 8) erheblich, wenn die Leistung berücksichtigt wird. Sind sowohl berufliche wie kulturelle Ressourcen Prädiktoren, so bleibt keiner dieser Effekte auf dem 5%-Niveau signifikant.

Tabelle 5: Soziale Herkunftseffekte im Wandel: Logistische Regressionsanalyse für den Übergang auf das Gymnasium 1969

	1	2	3	4	5	6	7	8
Anzahl der Geschwister	-0,15	0,07	-0,16+	0,04	-0,19*	0,03	-0,18*	0,03
Mädchen (Ref.: Jungen)	-0,24*	-0,20**	-0,15	-0,14+	-0,14	-0,15*	-0,13	-0,13+
Durchschnittsnote (rekodiert)		0,65**		0,57**		0,53**		0,52**
Wortschatztest (WST 5-6)		0,24**		0,24**		0,20**		0,21**
Berufsprestige des Vaters			0,24*	0,12			0,12	0,08
Höchste soz. Klasse im Haushalt (Ref.: Arbeiterklasse)								
Mittlere soz. Klasse			0,18	0,02			-0,05	-0,05
Dienstklasse			0,03**	0,14			-0,03	0,02
Höchster Schulabschluss im Haushalt (Ref.: max. Hauptschulabschluss)								
Realschulabschluss					0,37**	0,29**	0,35+	0,18*
(Fach-)Abitur					0,39**	0,19*	0,35+	0,14
Anzahl der Bücher im Haushalt (Ref.: < 75)								
75-150					0,10	0,01	0,09	0,01
150+					0,27**	0,15**	0,24**	0,12*
Nagelkerkes Pseudo-R²	0,07	0,57	0,28	0,62	0,37	0,64	0,38	0,65

Anmerkungen: Quelle: Eigene Berechnungen auf Basis von ZA0826. ** signifikant bei p<0,01, * signifikant bei p<0,05, + signifikant bei p<0,1. N=251. Binäre logistische Regression. x-/y-standardisierte Logitkoeffizienten. Robuste Standardfehler.

Tabelle 6: Soziale Herkunftseffekte im Wandel: Logistische Regressionsanalyse für den Übergang auf das Gymnasium 2007

	1	2	3	4	5	6	7	8
Migrationshintergrund (Ref.: beide Eltern in Deutschland geboren)	-0,08⁻	0,12**	0,06	0,16**	-0,01	0,15**	0,06	0,17**
Anzahl der Geschwister	-0,13*	-0,10*	-0,14**	-0,10⁻	-0,12*	-0,10*	-0,13*	-0,10⁻
Mädchen (Ref.: Jungen)	0,07	0,00	0,03	-0,01	0,06	0,00	0,03	-0,01
Durchschnittsnote (rekodiert)		0,76**		0,73**		0,71**		0,70**
Wortschatztest (WST 5-6)		0,13*		0,10*		0,09⁻		0,08
Höchstes Berufsprestige im Haushalt			0,22**	0,07			0,08	0,03
Höchste soz. Klasse im Haushalt (Ref.: Arbeiterklasse)								
Mittlere soz. Klasse			0,23**	0,14⁻			0,23*	0,13
Dienstklasse			0,34**	0,16⁻			0,27*	0,13
Höchster Schulabschluss im Haushalt (Ref.: max. Hauptschulabschluss)								
Realschulabschluss					0,04	-0,03	-0,02	-0,05
(Fach-)Abitur					0,35**	0,09	0,25**	0,06
Anzahl der Bücher im Haushalt (Ref.: <51)								
51-100					0,11	0,10	0,11	0,09
>100					0,28**	0,16**	0,25*	0,15⁻
Nagelkerkes Pseudo-R²	0,03	0,59	0,16	0,61	0,23	0,62	0,27	0,63

Anmerkungen: Quelle: Eigene Berechnungen auf Basis von BiKS-8-14. ** signifikant bei p<0,01, * signifikant bei p<0,05, + signifikant bei p<0,1. N=456. Binäre logistische Regression. x-/y-standardisierte Logitkoeffizienten. Robuste Standardfehler.

3.1.4 Zusammenfassung

Der Zeitvergleich primärer und sekundärer Effekte sozialer Herkunft für die Jahre 1969 und 2007 wurde anhand zweier unterschiedlicher Methoden durchgeführt. Sowohl kon-trafaktische Analysen als auch logistische Regressionsmodelle kommen für den Sekundarschulübertritt in Hessen zu demselben Ergebnis: Primäre Herkunftseffekte erweisen sich als äußerst stabil und, in ihrer relativen Gewichtung, bedeutender als sekundäre Effekte. Sozial bedingte Leistungsunterschiede spielen also damals wie heute eine entscheidende Rolle, dagegen ist die soziale Selektivität im Übertrittsverhalten an dieser wichtigen Weichenstellung in der Bildungskarriere zurückgegangen. Die Analysen bestätigen damit die Befunde (Becker 2010c; Klein et al. 2010), dass an diesem frühen Bildungsübergang ein leichter Rückgang des Gesamteffekts sozialer Herkunft zu verzeichnen ist, der allein auf die Verringerung sekundärer Effekte zurückgeht. Im Falle Hessens bedeutet dies zudem, dass die institutionelle Liberalisierung des Selektionsprozesses, also die Verlagerung der Bildungsentscheidung von einer verbindlichen Lehrerempfehlung hin zum freien Elternwillen, nicht, wie angenommen, zu einer Stärkung des sekundären Effekts geführt hat.

Anders als vermutet, zeigt sich im Zeitvergleich kein genereller Trend der Bedeutungsverlagerung von sozialer Klassenzugehörigkeit hin zum elterlichen Bildungsgrad. Vielmehr kam es zu Veränderungen in der Stellung einzelner Herkunftsgruppen, was insbesondere Eltern mit Realschulabschluss sowie der mittleren sozialen Klasse anbelangt.

3.2 Soziale und ethnische Herkunftseffekte[17]

3.2.1 Forschungsfragen und Hypothesen

Im folgenden Kapitel wird zunächst der Frage nachgegangen, inwiefern sich Familien mit und ohne Migrationshintergrund bezüglich des absoluten und relativen Einflusses primärer und sekundärer Effekte sozialer Herkunft unterscheiden. Mit Blick auf primäre Effekte sozialer Herkunft, kann davon ausgegangen werden, dass Migrantenkinder insbesondere bei niedriger sozialer Herkunft schulisch schlechter abschneiden als die einheimische Vergleichsgruppe, da hier von einer zusätzlichen Wirkung primärer Effekte ethnischer Herkunft ausgegangen werden kann (siehe Kapitel 2.3). Dieser Hypothese liegt also die Annahme zu-

---

17   Die empirische Untersuchung weist Ähnlichkeiten mit den Publikationen Relikowski et al. 2009 und Relikowski et al. 2010 auf.

grunde, dass speziell Migrantenkinder, die hinsichtlich ihrer sozialen Herkunft negativ selektiert sind, zusätzliche Probleme, wie etwa schlechtere Sprachkenntnisse aufweisen, was zu einer doppelten Benachteiligung bei schwächerem sozialen Hintergrund führt.

Hinsichtlich der sekundären Effekte sozialer Herkunft kann angenommen werden, dass diese bei Migranten weniger wirksam sind als bei autochthonen Familien, für die ein deutlich sozialschichtabhängiges Übertrittsverhalten zu beobachten ist (siehe Kapitel 2.3). Aufgrund der hohen Bildungsaspirationen von Migranten, sollte deren soziale Herkunft in deutlich schwächerem Zusammenhang mit der Bildungsentscheidung stehen (siehe auch Nauck et al. 1998). In diesem Zusammenhang wird darüber hinaus These positiver sekundärer Effekte ethnischer Herkunft überprüft (Kristen und Dollmann 2009). In einer gepoolten logistischen Regression der Fokus auf die Veränderung der Migranteneffekte gerichtet: Unter Kontrolle des sozialen Hintergrunds und der Leistung, also der primären und sekundären Effekte *sozialer Herkunft*, müsste sich ein positiver Effekt im Übertrittsverhalten von Familien mit Migrationshintergrund zeigen, der sogenannte positive sekundäre Effekt *ethnischer Herkunft*. Dieser Nettoeffekt höherer Übergangsraten sollte wiederum über die höheren Bildungsaspirationen von Migranten erklärbar sein.

Des Weiteren liegt das Untersuchungsinteresse wie in Kapitel 4.1 auf den unterschiedlichen Dimensionen sozialer Herkunft und deren Auswirkungen auf die Stärke primärer und sekundärer Effekte. Während bei einheimischen Eltern in Hessen keine klare Tendenz hinsichtlich des Einflusses sozialer Herkunft in Relation zum Bildungsgrad im Übertrittsverhalten festzustellen war, kann dieser Vergleich für die Migrantenpopulation eine ganz andere Bedeutung haben als für die autochthone Bevölkerung. Aufgrund von Schwierigkeiten bei der Anerkennung von Bildungsabschlüssen und Ausbildungszertifikaten sind Migranten in Deutschland häufig mit Statusinkonsistenzen konfrontiert (z.B. Bauder 2006). Durch die Abwertung der im Herkunftsland erworbenen Bildungszertifikate ist es möglich, dass es zu einer verstärkten Diskrepanz zwischen dem erreichten Bildungsniveau und der Arbeitsmarkpositionierung kommt. Daraus ließe sich hinsichtlich primärer und sekundärer Effekte sozialer Herkunft schlussfolgern, dass die erreichte Klassenposition weniger stark diskriminierend wirken müsste, da diese den sozialen Hintergrund unschärfer widerspiegelt als der erreichte Bildungsabschluss.

3.2.2 Variablenbeschreibung

Mit dem Unterschied, dass sich die folgenden Analysen nicht auf das hessische Subsample beschränken, sondern die Gesamtstichprobe von BiKS-8-14 heranziehen, werden einige verwendete Variablen analog zu den BiKS-Analysen in Kapitel 4.1 operationalisiert und deshalb an dieser Stelle nicht weiter beschrieben (siehe hierzu Kapitel 4.1.2): die dichotome abhängige Variable für den Übertritt auf das Gymnasium (bzw. einen Gymnasialzweig der Gesamtschule) versus andere Schulformen, die Schulleistung aus dem Halbjahreszeugnis der vierten Klasse, der Wortschatztest, das Berufsprestige, die soziale Klasse wie auch der Bildungsgrad der Eltern, die Anzahl der Bücher im Haushalt und die Kontrollvariablen Anzahl der Geschwister sowie Geschlecht des Kindes.

Eine analoge Vorgehensweise ergibt sich hinsichtlich der dichotomen Operationalisierung des Migrationshintergrunds zur Definition des Subsamples für die kontrafaktische Analyse. Aufgrund der geringen Fallzahlen würde diese Methode keine weitere Differenzierung nach verschiedenen Migrantengruppe erlauben. In der anschließenden logistischen Regressionsanalyse wird hingegen eine Unterscheidung nach türkischem und anderem Migrationshintergrund vorgenommen. Ein türkischer Migrationshintergrund liegt dann vor, wenn mindestens eines der beiden Elternteile (also Befragungsperson oder Partner/-in) in der Türkei geboren ist.[18] Sind beide Elternteile in Deutschland geboren, gelten diese als Einheimische, d.h., eine Differenzierung nach unterschiedlichen Einwanderergenerationen wird nicht vorgenommen.

Zur Operationalisierung des elterlichen Bildungsgrades sei an dieser Stelle zudem vermerkt, dass die Zuordnung im Ausland erworbener Abschlüsse in erster Linie nach den absolvierten Schuljahren erfolgt. Die höchste Bildungskategorie wurde immer dann gewählt, wenn der Abschluss direkt für die Aufnahme eines Hochschulstudiums qualifiziert. Bei Abbruch eines Bildungswegs wurde eine Zuordnung in die nächstniedrigere Kategorie vorgenommen (z.B. Abbruch des türkischen Lyzeums als direkt für das Studium qualifizierender Bildungsweg bedeutet mittlere Bildung).

Zur Berücksichtigung der unterschiedlichen institutionellen Rahmenbedingungen in der Verbindlichkeit von Lehrerempfehlungen werden in den logistischen Regressionsmodellen zusätzlich das Bundesland (1 = Bayern, 0 = Hessen) und die Übertrittsempfehlung der Grundschullehrkraft Mitte der vierten Klasse (1 = Gymnasialempfehlung, 0 = andere Schulformempfehlung) kontrolliert.

Um zu prüfen, welchen Einfluss die Bildungsaspirationen auf die Übertrittsentscheidung ausüben, werden in der logistischen Regressionsanalyse drei Indikatoren aus Welle 3 herangezogen: Die idealistische Bildungsaspiration der Eltern wird durch folgendes Fragebogenitem gemessen: „Nun möchte ich gerne

---

18 Sind beide Eltern eingewandert, stammen jedoch aus unterschiedlichen Ländern, wird das Herkunftsland der oder des Befragten ausgewählt, da es sich hierbei um die Hauptbetreuungsperson des Kindes handelt.

von Ihnen wissen, welchen Schulabschluss Sie sich für [Zielkind] wünschen, und zwar unabhängig von seinen/ihren derzeitigen Schulleistungen und auch unabhängig davon, welchen Schulabschluss [Zielkind] später wahrscheinlich machen wird." Die Befragungsperson sollte auf einer fünfstufigen Antwortskala angeben, inwiefern das Abitur ihrer Idealvorstellung entspricht (von 1 = überhaupt nicht bis 5 = voll und ganz).

Als weiterer Indikator wurde die wahrgenommene idealistische Aspiration des Kindes hinsichtlich der Sekundarschulform erfragt: „Wie stark entspricht das Gymnasium der Wunschschule von [Zielkind]?" Die Einschätzung erfolgte ebenso auf der fünfstufigen Skala von 1 = überhaupt nicht bis 5 = voll und ganz.

Die realistische Bildungsaspiration der Eltern wurde über das folgende Item erfasst: „Und wenn Sie nun an die Schulleistungen von [Zielkind] denken, halten Sie es für sehr wahrscheinlich, eher wahrscheinlich, teils-teils, eher unwahrscheinlich oder sehr unwahrscheinlich, dass [Zielkind] das Abitur schaffen wird?" Der Wert 1 der fünfstufigen Skala steht dabei für sehr unwahrscheinlich, der Wert 5 für sehr wahrscheinlich.

Statistische Kennziffern der verwendeten Variablen sind Tabelle 7 zu entnehmen.

Tabelle 7: Soziale und ethnische Herkunftseffekte: Deskriptive Maßzahlen verwendeter Variablen

	M	SD	*min.*	*max.*	n
Gewählte Schulform (Wellen 3+4)					1737
Gymnasium	0,52	0,50	0	1	
Andere Schulform	0,48	0,50	0	1	
Migrationshintergrund					1737
Herkunftsland Türkei	0,05	0,22	0	1	
Sonstiges Herkunftsland	0,17	0,37	0	1	
Beide Eltern in Deutschland geboren	0,78	0,41	0	1	
Bundesland					1737
Bayern	0,69	0,46	0	1	
Hessen	0,31	0,46	0	1	
Anzahl der Geschwister	1,33	0,99	0	9	1737
Geschlecht des Kindes					1737
Mädchen	0,48	0,50	0	1	
Jungen	0,52	0,50	0	1	

	M	SD	min.	max.	n
Höchstes Berufsprestige im Haushalt	47,61	12,65	18	78	1615
Höchste soz. Klasse im Haushalt					1712
Arbeiterklasse	0,13	0,34	0	1	
Mittlere soz. Klasse	0,30	0,46	0	1	
Dienstklasse	0,57	0,50	0	1	
Höchster Schulabschluss im Haushalt					1699
Max. Hauptschulabschluss	0,21	0,41	0	1	
Realschulabschluss	0,33	0,47	0	1	
(Fach-)Abitur	0,46	0,50	0	1	
Anzahl der Bücher im Haushalt					1725
<51	0,11	0,31	0	1	
51-100	0,16	0,37	0	1	
>100	0,73	0,45	0	1	
Durchschnittsnote (rekodiert) (Welle 3)	4,52	0,80	1,67	6	1737
Wortschatztest (CFT 20) (Welle 3)	19,19	4,67	2	29	1643
Grundschulempfehlung (Welle 3)					1689
Gymnasialempfehlung	0,45	0,50	0	1	
Andere Schulformempfehlung	0,55	0,50	0	1	
Idealistische Aspiration Abitur (Welle 3)	4,33	1,19	1	5	1609
Antizipierter Wunsch des Kindes: Gymnasium (Welle 3)	3,85	1,47	1	5	1573
Realistische Aspiration Abitur (Welle 3)	3,34	1,25	1	5	1572

Anmerkungen: Quelle: Eigene Berechnungen auf Basis von BiKS-8-14. Wellen 1, 3 und 4. Fälle mit gültigen Schulform- und Notenangaben sowie mit gültiger Angabe des Migrationshintergrunds berücksichtigt.

3.2.3 Ergebnisse

Schulleistung und Übergänge auf die Sekundarschulformen

Wenngleich eine Differenzierung nach verschiedenen Herkunftsländer bzw. -regionen in der kontrafaktischen Dekomposition nicht vorgenommen wird, soll dies im Folgenden hinsichtlich der Schulleistungen und Sekundarschulübertritte in der BiKS-Gesamtstichprobe deskriptiv dargestellt werden. Aus Tabelle 8 wird ersichtlich, weshalb eine Unterteilung nach unterschiedlicher nationaler Herkunft kaum möglich ist. Wenn Fallzahlen der einzelnen Herkunftsländer am Sekundarschulübertritt sehr klein sind, wurden diese nach Regionen zusammengefasst. In Bezug auf die verschiedenen Schulformen zeigt sich, dass solch eine Differenzierung aufgrund zu kleiner Zellbesetzungen in den Analysemodellen nicht umsetzbar ist.

Aufgrund von Panelausfällen in den ersten drei Erhebungswellen reduzieren sich jedoch nicht nur die verfügbaren Fälle, es kommt auch – wie bereits für die hessische Teilstichprobe in Kapitel 4.1.3 aufgezeigt – zu einer Selektivität hin zu bildungserfolgreicheren Schüler/-innen. Bezüglich der Gesamtstichprobe werden nach amtlicher Statistik des Schuljahres 2007/2008 die Gymnasialübertritte in BiKS deutlich überschätzt: in Bayern um etwa 14, in Hessen um ca. 12 Prozentpunkte (für Hessen: Angaben des statistischen Landesamts, auf Nachfrage erhältlich; für Bayern: Staatsinstitut für Schulqualität und Bildungsforschung 2009: 73).

Es sei vorweg festgehalten, dass die amtliche Statistik in Bayern mit Blick auf die Migrantengruppen keine exakt vergleichbaren Zahlen bietet, da hier nur nach Staatsangehörigkeit differenziert wird und somit eingebürgerte Eltern und Kinder nicht der Gruppe mit Migrationshintergrund zugerechnet werden. Da eingebürgerte Migranten und Aussiedler tendenziell bessere Bildungserfolge aufweisen als solche mit ausländischer Staatsangehörigkeit (vgl. Söhn 2011), werden folglich die Übertrittsquoten der Migrantenpopulation auf anspruchsvollere Schulformen unterschätzt. Nichtsdestotrotz soll exemplarisch die bayerische BiKS-Stichprobe mit der amtlichen Statistik für das Schuljahr 2007/08 verglichen werden. In der bayerischen Stichprobe wechseln 46% der Migrantenkinder und 52% der Schüler/-innen einheimische Familien auf das Gymnasium über. Hier zeigt sich ein großer Kontrast im Vergleich zu offiziellen Anteilen nach Staatsangehörigkeit: 19% ausländische und 39% deutsche Kinder sind 2007/08 in Bayern auf ein Gymnasium übergetreten. Der analoge Vergleich bei türkischen Kindern in Bayern ergibt 11% Gymnasialübertritte nach offiziellen Zahlen, dagegen 31% in der bayerischen BiKS-Stichprobe.

In Hessen liegen hingegen offizielle Übertrittszahlen nach Migrationshintergrund vor,[19] allerdings ohne Differenzierung nach Herkunftsländern und nur für das Schuljahr 2011/2012. Erwartungsgemäß fallen die Übergänge auf das

---

19 Ein Migrationshintergrund liegt vor, wenn eines der drei Kriterien gegeben ist: 1. Schülerinnen und Schülern nichtdeutscher Staatsangehörigkeit, 2. deutsche Schülerinnen und Schüler, die nicht in Deutschland geboren sind, 3. deutsche Schülerinnen und Schüler, die in Deutschland geboren sind, in deren Familie bzw. häuslichem Umfeld die überwiegend gesprochene Sprache nicht Deutsch ist, auch wenn der Schüler/ die Schülerin die deutsche Sprache beherrscht.

3.2 Soziale und ethnische Herkunftseffekte

Gymnasium nach dem Migrationshintergrund deutlich höher aus als nach Staatsangehörigkeit, wodurch eine bessere Vergleichbarkeit hinsichtlich der hessischen BiKS-Daten gegeben ist: Laut der amtlichen Statistik treten 48% der Schüler/-innen ohne Migrationshintergrund und 38% derer mit Migrationshintergrund auf das Gymnasium (bzw. einen Gymnasialzweig der Gesamtschule) über. In der BiKS-Stichprobe belaufen sich die entsprechenden Anteile auf 58% und respektive 52%. Es demnach davon auszugehen, dass die Gymnasialübertritte bei Migrantenkindern in BiKS noch stärker überschätzt werden als bei Kindern einheimischer Familien. Diese Verzerrungen sollten in der Konsequenz zu einer tendenziellen Unterschätzung von Herkunftseffekten führen, weshalb konkrete Ergebnisse der folgenden Analysen vorsichtig interpretiert werden müssen.

Trotz dieser Einschränkung zeichnet sich ein zu erwartendes Muster hinsichtlich der differenziellen Schulleistungen ab: Mit Ausnahme der kleinen Gruppe aus Ländern des ehemaligen Jugoslawiens schneiden alle Migrantenkinder schlechter ab als autochthone Schüler/-innen. Die mit deutlichem Abstand schwächsten Leistungen haben Kinder türkischer Herkunft. Zudem wechseln diese sehr viel häufiger auf eine Hauptschule und seltener auf das Gymnasium – sowohl im Vergleich zu Kindern einheimischer Eltern als auch anderen Migrationshintergrunds. Kinder aus Polen, Südosteuropa aus Ländern der ehemaligen UdSSR zeigen sogar höhere Anteile an Gymnasialübertritten als einheimisch deutsche Kinder, was aufgrund der geringen Fallzahl jedoch nicht überinterpretiert werden darf. Dennoch lässt sich festhalten, dass in BiKS die durchschnittliche Übergangsrate auf das Gymnasium von Kindern eines nicht-türkischen Migrationshintergrunds kaum von der einheimischer Schüler/-innen zu unterscheiden ist, während Kinder türkischer Herkunft klar im Nachteil sind. Da die türkische Gruppe mit gut 80 Fällen hinreichend groß ist, soll diese daher in den logistischen Übertrittsmodellen gesondert berücksichtigt werden. Für die kontrafaktische Analyse werden jedoch alle Familien mit Migrationshintergrund trotz der aufgezeigten Heterogenität gemeinsam untersucht.

Aufgrund fehlender Werte durch Item-Nonresponse sowie aufgrund von Panelmortalität verbleibt nach der dritten Erhebungswelle eine analysierbare Stichprobe von insgesamt 1712 Fällen bei Differenzierung nach sozialer Klassenzugehörigkeit und 1699 Fällen nach Bildungsgrad der Eltern. Bei der Gruppe mit Migrationshintergrund ist der Panelausfall über die Wellen hinweg vergleichsweise hoch: Nur etwa 67 bzw. 70% der ursprünglich 516 Migranten können in die Auswertung einbezogen werden. Bei der Stichprobe einheimischer deutscher Familien ist die Panelstabilität etwas höher; hier können ungefähr 79% der Ausgangsstichprobe in die Analysen aufgenommen werden.

Tabelle 8: Soziale und ethnische Herkunftseffekte: Schulleistungen und Verteilung auf die Sekundarschulformen nach Herkunftsland /-region

Herkunftsland / -region	Schulleistung rek./std.		Verteilung auf Sekundarschulformen (Zeilenprozente)								Fallzahlen
			Hauptschule		Realschule		Gesamtschule		Gymnasium		
	M	sd	n	%	n	%	n	%	n	%	

	Schulleistung		Hauptschule		Realschule		Gesamtschule		Gymnasium		Förderstufe		Gesamt
	M	sd	n	%	n	%	n	%	n	%	n	%	n
Deutschland	0,08	0,95	231	16,94	293	21,48	84	6,16	730	53,52	26	1,91	1364
Westeuropa / Nordamerika	-0,20	1,01	14	16,67	19	22,62	12	14,29	35	41,67	4	4,76	84
Polen	-0,02	0,88	5	19,23	2	7,69	2	7,69	17	65,38	0	0,00	26
Südosteuropa	-0,05	1,27	8	18,60	9	20,93	1	2,33	25	58,14	0	0,00	43
Ehem. Jugoslawien	0,19	0,85	2	7,41	6	22,22	3	11,11	16	59,26	0	0,00	27
Ehem. UdSSR	-0,14	1,12	3	7,69	9	23,08	4	10,26	21	53,85	2	5,13	39
Türkei	-0,82	1,13	33	39,29	13	15,48	3	3,57	29	34,52	6	7,14	84
Andere Länder	-0,35	1,04	13	18,57	6	8,57	13	18,57	35	50,00	3	4,29	70

Anmerkungen: Quelle: Eigene Berechnungen auf Basis von BiKS-8-14, Welle 1-4. Stichprobe mit gültigen Schulform- und Notenangaben in Welle 3 sowie mit gültiger Angabe des Migrationshintergrunds berücksichtigt. Übertritte auf Gesamtschulzweige (Hauptschul-/Realschul-/Gymnasialzweig und Förderstufe) sind der jeweils entsprechenden Schulform zugeordnet.

3 Empirische Untersuchungen 75

Tabelle 9 weist für Migranten und Einheimische nach Klassenzugehörigkeit und Bildungsniveau der Eltern folgende Informationen aus: mittlere Schulleistungen, Wert in der Leistungsverteilung, bei dem 50% einer Gruppe den Übergang auf das Gymnasium vollziehen sowie Fallzahlen und Anteile in den jeweiligen Kategorien.

Die standardisierten und rekodierten Mittelwerte der gruppenspezifischen Leistungsverteilungen weisen auf einen interessanten Befund in der Migrantenstichprobe hin: Während Migrantenkinder aus der Dienstklasse und der mittleren sozialen Klasse ähnliche Noten erzielen wie die einheimischen Schüler/-innen aus der jeweils gleichen sozialen Klasse, so sind es besonders Migranten der Arbeiterklasse, die deutlich schlechter als ihre einheimische Vergleichsgruppe abschneiden. Somit konzentriert sich das Problem schlechterer Performanz von Schüler/-innen mit Migrationshintergrund wie angenommen auf die unteren sozialen Klassen. Dies trifft jedoch nicht auf das Leistungsniveau differenziert nach dem Bildungsgrad der Eltern zu: in allen drei Bildungskategorien schneiden hier Migrantenkinder signifikant schlechter ab als die entsprechenden einheimischen Kinder.

Anhand der dargestellten 50%-Punkte zeigt sich insgesamt, dass mit ansteigender sozialer Klasse bzw. mit höherem Bildungshintergrund, Übergänge auf das Gymnasium schon bei schlechteren Leistungen realisiert werden. Hervorzuheben ist jedoch, dass Migrantenkinder innerhalb jeder sozialen Herkunftsgruppe bei deutlich schwächeren Schulnoten den Übertritt auf das Gymnasium vollziehen als entsprechende einheimische Kinder. Insbesondere einheimische Kinder aus der Arbeiterklasse wechseln erst bei einem sehr hohen Leistungsgrad auf das Gymnasium.

Während die Mehrheit der einheimischen Stichprobe zur Dienstklasse gehört (ca. 63%), ist die Migrantenstichprobe gleichmäßiger über die drei sozialen Klassen verteilt. Mit ca. 29% gehören erwartungsgemäß deutlich mehr Migranten der Arbeiterklasse an als einheimische Eltern (9%). Bei einer Differenzierung nach Bildungsabschlüssen ergibt sich ein anderes Muster: Zwar sind Eltern mit Hauptschulabschluss in der Migrantengruppe stärker vertreten als bei den autochthonen Eltern, der Unterschied beläuft sich jedoch auf vergleichsweise geringe 4 Prozentpunkte. Wenngleich die größte Konzentration beider Gruppen bei Eltern mit Abitur liegt, so ist der relative Anteil bei Migranten sogar etwas höher (49% gegenüber 45% bei einheimischen Eltern).

Tabelle 9: Soziale und ethnische Herkunftseffekte: Schulleistungen und Verteilung nach Migrationshintergrund und sozialer Herkunft

	Schulleistung (rek./std.)			Fallzahlen	Anteil an der Substichprobe
	M	*SD*	*50%-Punkt*	*n*	*%*
Soziale Klasse					
Einheimische					
Arbeiterklasse	-0,53	0,99	0,67	122	9,05
Mittlere soz. Klasse	-0,20	0,99	0,17	374	27,74
Dienstklasse	0,30	0,86	0,00	852	63,20
Migranten					
Arbeiterklasse	-0,95	1,01	-0,02	106	28,76
Mittlere soz. Klasse	-0,32	1,09	-0,11	129	35,75
Dienstklasse	0,23	0,88	-0,24	129	35,48
Bildung					
Einheimische					
Hauptschulabschluss	-0,52	0,98	0,46	276	20,41
Realschulabschluss	-0,04	0,92	0,22	471	34,84
Abitur	0,47	0,76	-0,22	605	44,75
Migranten					
Hauptschulabschluss	-0,85	1,13	0,20	91	26,40
Realschulabschluss	-0,40	0,92	-0,13	84	24,16
Abitur	0,10	1,04	-0,24	172	49,44

Anmerkungen: Quelle: Eigene Berechnungen auf Basis von BiKS-8-14, Welle 1-4. Stichprobe mit gültigen Schulform- und Notenangaben in Welle 3 sowie mit gültiger Angabe des Migrationshintergrunds berücksichtigt.

Tabelle 10: Soziale und ethnische Herkunftseffekte: Faktische und kontrafaktische Anteile von Gymnasialübertritten (in Prozent)

Soziale Klasse

Einheimische (n=1348) — *Sekundäre Effekte*

Primäre Effekte	Arbeiterklasse			Mittlere soz. Klasse			Dienstklasse		
Arbeiterklasse	P_{aa}	=	16,4	P_{am}	=	28,3	P_{ad}	=	33,2
Mittlere soz. Klasse	P_{ma}	=	24,7	P_{mm}	=	40,1	P_{md}	=	45,9
Dienstklasse	P_{da}	=	39,1	P_{dm}	=	58,5	P_{dd}	=	64,9

Migranten (n=364) — *Sekundäre Effekte*

Primäre Effekte	Arbeiterklasse			Mittlere soz. Klasse			Dienstklasse		
Arbeiterklasse	P_{aa}	=	23,6	P_{am}	=	25,2	P_{ad}	=	29,0
Mittlere soz. Klasse	P_{ma}	=	43,7	P_{mm}	=	45,7	P_{md}	=	50,7
Dienstklasse	P_{da}	=	62,0	P_{dm}	=	64,2	P_{dd}	=	69,0

Bildung

Einheimische (n=1352) — *Sekundäre Effekte*

Primäre Effekte	Hauptschulabschluss			Realschulabschluss			Abitur		
Hauptschulabschluss	P_{hh}	=	20,3	P_{hr}	=	26,9	P_{ha}	=	38,7
Realschulabschluss	P_{rh}	=	33,4	P_{rr}	=	42,9	P_{ra}	=	57,6
Abitur	P_{ah}	=	52,5	P_{ar}	=	63,4	P_{aa}	=	77,5

Migranten (n=347) — *Sekundäre Effekte*

Primäre Effekte	Hauptschulabschluss			Realschulabschluss			Abitur		
Hauptschulabschluss	P_{hh}	=	23,1	P_{hr}	=	30,7	P_{ha}	=	34,5
Realschulabschluss	P_{rh}	=	32,2	P_{rr}	=	41,7	P_{ra}	=	46,2
Abitur	P_{ah}	=	52,0	P_{ar}	=	61,2	P_{aa}	=	65,1

Abkürzungen: Soziale Klasse: a = Arbeiterklasse, m = Mittlere soz. Klasse, d = Dienstklasse
Bildung: h = Hauptschulabschluss, r = Realschulabschluss, a = Abitur
1. Index: Leistungsverteilung
2. Index: Konditionale Übertrittswahrscheinlichkeit

Anmerkungen: Quelle: Eigene Berechnungen auf Basis von BiKS-8-14. Analysen basieren auf binären logistischen Regressionen mit robusten Standardfehlern.

In Tabelle 10 werden die faktischen und kontrafaktischen Anteile der Schüler/-innen abgebildet, die tatsächlich auf das Gymnasium wechseln bzw. wechseln würden. Bei Betrachtung der faktischen Übergangsraten (soziale Klasse: P_{aa}, P_{mm}, P_{dd}, Bildung: P_{hh}, P_{rr}, P_{aa}) zeigt sich, dass Kinder mit Migrationshintergrund, deren Eltern zur Arbeiterklasse gehören, anteilig deutlich häufiger in das Gymnasium überwechseln (24%), als dies bei der Gruppe der einheimischen Schüler/-innen gleicher Klassenzugehörigkeit der Fall ist (16%). Diese höheren Übergangsraten bei Migranten sind auch im Vergleich der mittleren sozialen Klasse und der Dienstklasse feststellbar, hier allerdings in geringerem Ausmaße (jeweils ca. 5 Prozentpunkte Unterschied zwischen autochthonen und allochthonen Familien). Während die Verteilungen der Gymnasialübertritte nach niedrigem und mittlerem Bildungshintergrund in beiden Gruppen relativ ähnlich sind, unterscheiden sich die relativen Häufigkeiten bei Eltern mit Abitur zuungunsten der Migrantengruppe, wenngleich die Übertrittsraten hier für Migranten (65%) wie für Einheimische (78%) sehr hoch sind.

Im Vergleich faktischer und kontrafaktischer Anteile sind folgende Ergebnisse hervorzuheben: Behielten einheimische Familien der Dienstklasse ihre Übergangswahrscheinlichkeit auf das Gymnasium bei, nähmen allerdings die Leistungsverteilung der Arbeiterklasse an, dann würde der Anteil der Gymnasiasten von 65% (P_{dd}) auf 33% (P_{ad}) abfallen. Diese Reduktion der Gymnasialbesuche, die auf die geringeren Schulleistungen der Arbeiterkinder im Verhältnis zu Schüler/-innen der Dienstklasse zurückzuführen ist, stellt daher die Auswirkungen primärer Herkunftseffekte dar. Bliebe bei einheimischen Kindern der Dienstklasse die Verteilung der Schulleistungen konstant und würden sie das Übergangsverhalten von Familien aus der Arbeiterklasse annehmen, dann würde ihre Übertrittsrate auf 39% (P_{da}) fallen.

Es lässt sich also festhalten, dass soziale Klassenunterschiede in den Bildungsübergängen bei Autochthonen sowohl deutlich auf primäre wie auch auf sekundäre Effekte zurückzuführen sind. Zu einem deutlich anderen Ergebnis führt dagegen die Analyse der Migrantenstichprobe. Vergleicht man innerhalb der Migrantengruppe die Dienstklasse mit der Arbeiterklasse, so führen primäre Effekte zu einer Abnahme der Übergangsraten von 69 auf 29%, eine deutlich ausgeprägtere Differenz als bei der einheimischen Bevölkerung. Wenn nun aber Migrantenfamilien aus der Dienstklasse das Übergangsverhalten der Arbeiterklasse annähmen, so käme es lediglich zu einer Reduktion auf 62%. Die gleiche Tendenz findet sich im Vergleich mit der mittleren sozialen Klasse. Während Migranten also Anzeichen für sehr hohe primäre Effekte aufweisen, zeigen sich hier kaum Hinweise auf benachteiligende sekundäre Herkunftseffekte, die auf soziale Klassenunterschiede zurückgeführt werden könnten.

Betrachtet man nun die Anteilsdifferenzen verschiedener Bildungsgruppen, ergeben die geschätzten Werte für die Autochthonen-Stichprobe ein ähnliches

Muster wie bei Verwendung der sozialen Klassenzugehörigkeit. Entsprechendes gilt für primäre Effekte in der Migrantengruppe. Allerdings findet sich ein deutlich kontrastierendes Ergebnis hinsichtlich der sekundären Effekte bei Migranten: Anders als beim Vergleich zwischen sozialen Klassen lassen sich hier in der Migrantenstichprobe deutlich stärkere sekundäre Effekte beobachten. Eine hypothetische Anpassung des Übergangsverhaltens in Familien mit Abitur zu dem in Familien mit einem Hauptschulabschluss führt zu einer Abnahme von 65% (P_{aa}) auf 52% (P_{ah}) der Gymnasialübertritte. Dieses Ergebnis lässt den Schluss zu, dass sekundäre Effekte innerhalb der Gruppe der Migranten im Wesentlichen ein Resultat elterlicher Bildungsressourcen und weniger der sozialen Klassenposition sind. Allerdings fällt auch in diesem Vergleich die Anteilsdifferenz, die auf sekundäre Effekte zurückgeführt werden, bei Migranten geringer aus als bei einheimischen Familien (P_{aa} - P_{ah}: 13 Prozentpunkte bei Migranten vs. 25 Prozentpunkte bei Einheimischen).

Bei Berechnung der log odds ratios werden die Tendenzen noch deutlicher sichtbar, da auf diese Weise sowohl der absolute als auch der relative Beitrag primärer und sekundärer Effekte bestimmt werden kann (siehe Tabelle 11).

Primäre Herkunftseffekte fallen für autochthone wie auch für allochthone Familien sehr hoch aus. Leistungsunterschiede innerhalb der zwei unterschiedenen Gruppen sind damit signifikant entlang der Merkmale Klassenzugehörigkeit und Bildungsniveau stratifiziert. Zwischen der Arbeiterklasse und der mittleren sozialen Klasse ist dies bei Migranten noch deutlicher ausgeprägt als bei einheimischen Familien (0,92 versus 0,52), was einen Hinweis darauf liefert, dass (wie deskriptiv in Tabelle 9 aufgezeigt) insbesondere Migrantenkinder aus sozial schwachen Familien große Leistungsdefizite aufweisen. Diese doppelte Benachteiligung von Migranten niedriger sozialer Herkunft lässt sich jedoch hinsichtlich des Bildungshintergrunds der Eltern nicht nachweisen.

Die in Tabelle 10 belegten schwachen sekundären Effekte bei Familien mit Migrationshintergrund hinsichtlich der sozialen Klassenzugehörigkeit erweisen sich bei Prüfung durch Log Odds Ratios als nicht signifikant. Bezüglich des Bildungsniveaus gilt dies analog für die Vergleiche mit Eltern mittleren Schulabschlusses: Setzt man das Übertrittsverhalten von Migrantenfamilien mit Realschulabschluss in Relation zu solchen mit Hauptschulabschluss oder Abitur, sind keine signifikanten sekundären Effekte festzustellen. Lediglich die Kontrastierung eines niedrigen und hohen elterlichen Bildungsabschlusses zeigt substantielle Unterschiede im Übertrittsverhalten (0,54 bzw. 0,56), wenngleich diese nur etwa halb so stark ausgeprägt sind wie in einheimischen Familien (1,14 bzw. 0,91).

Der Gesamteffekt sowohl nach sozialer Klasse als auch nach Bildung fällt für Migrantenfamilien durchweg etwas kleiner aus als für die Gruppe Einheimischer, was sich aus einer geringeren Relevanz sekundärer Effekte innerhalb der Migrantengruppe ergibt. Im Mittel sind bei Migranten 15% des Gesamteffekts auf sekundäre Effekte der sozialen Klassenzugehörigkeit und 31% auf sekundäre Effekte des Bildungshintergrunds zurückzuführen. Demgegenüber stehen 42% respektive 39% bei einheimischen Familien.

Tabelle 11: Soziale und ethnische Herkunftseffekte: Primäre und sekundäre Effekte am Übertritt in das Gymnasium nach Migrationshintergrund

	Primärer Effekt		Sekundärer Effekt		Gesamt-effekt	Anteil sekundärer Effekt (%)
	Methode 1	Methode 2	Methode 1	Methode 2		
Soziale Klasse						
Einheimische						
Mittlere soz. Klasse/Arbeiterklasse	0,52**	0,53**	0,71**	0,70**	1,23**	57**
Dienstklasse/Arbeiterklasse	1,19**	1,32**	1,06**	0,93**	2,24**	44**
Dienstklasse/mittlere soz. Klasse	0,74**	0,78**	0,27**	0,24**	1,02**	25**
Migranten						
Mittlere soz. Klasse/Arbeiterklasse	0,92**	0,92**	0,08	0,09	1,01**	9**
Dienstklasse/Arbeiterklasse	1,67**	1,69**	0,31	0,28	1,98**	15**
Dienstklasse/mittlere soz. Klasse	0,76**	0,79**	0,21	0,18	0,97**	20**
Bildung						
Einheimische						
Real-/Hauptschulabschluss	0,68**	0,72**	0,40**	0,37**	1,08**	36**
Abitur/Hauptschulabschluss	1,47**	1,70**	1,14**	0,91**	2,61**	39**
Abitur/Realschulabschluss	0,84**	0,93**	0,69**	0,59**	1,52**	42**
Migranten						
Real-/Hauptschulabschluss	0,46 +	0,48*	0,41	0,39	0,87**	46 +
Abitur/Hauptschulabschluss	1,29**	1,27**	0,54**	0,56**	1,82**	30**
Abitur/Realschulabschluss	0,79**	0,78**	0,17	0,18	0,96**	18**

Anmerkungen: Quelle: Eigene Berechnungen auf Basis von BiKS-8-14. Analysen basieren auf binären logistischen Regressionen mit robusten Standardfehlern. Bootstrap-Verfahren mit 100 Replikationen. Anteil des sekundären Effekts gemittelt über Methode 1 und 2. Darstellung der Effekte in Log Odds Ratios:
Methode 1: primärer Effekt = ln(Odds_ij/Odds_jj); sekundärer Effekt: ln(Odds_ii/Odds_ij)
Methode 2: primärer Effekt = ln(Odds_ii/Odds_ji); sekundärer Effekt: ln(Odds_ji/Odds_jj)
**signifikant bei p<0.01, *signifikant bei p<0.05, + signifikant bei p<0.1.

Die unterschiedlichen Resultate sekundärer Effekte der sozialen Klassenzugehörigkeit und des Bildungsgrades, könnten bei Familien mit Migrationshintergrund als eine Konsequenz von Statusinkonsistenzen interpretiert werden.

Tabelle 12: Soziale und ethnische Herkunftseffekte: Kreuztabelle Soziale Klasse und Bildung nach Migrationshintergrund (Spaltenprozente)

Einheimische

	Bildung					
	Hauptschulabschluss		Realschulabschluss		Abitur	
	n	%	n	%	n	%
Soziale Klasse						
Arbeiterklasse	68	24,91	40	8,64	7	1,16
Mittlere soz. Klasse	113	41,39	162	34,99	96	15,97
Dienstklasse	92	33,70	261	56,37	498	82,86
Spearman's rho	0,42					

Migranten

	Bildung					
	Hauptschulabschluss		Realschulabschluss		Abitur	
	n	%	n	%	n	%
Soziale Klasse						
Arbeiterklasse	45	50,00	20	24,69	26	15,57
Mittlere soz. Klasse	34	37,78	34	41,98	51	30,54
Dienstklasse	11	12,22	27	33,33	90	53,89
Spearman's rho	0,39					

Anmerkungen: Quelle: Eigene Berechnungen auf Basis von BiKS-8-14.

Eine Kreuztabellierung und Berechnung der Korrelationen zwischen sozialer Klassenzugehörigkeit und Bildungsabschluss soll diese Annahme überprüfen (siehe Tabelle 12). Es zeigt sich, dass die Korrelationen zwischen sozialer Klasse und Bildung bei einheimischen Eltern (0,42) und Familien mit Migrationshintergrund (0,39) ähnlich sind. Allerdings weisen die relativen Häufigkeiten darauf hin, dass das Argument der Statusinkonsistenzen nicht von der Hand zu weisen ist:[20] Migranteneltern mit Abitur positionieren sich zu 16% in der Arbeiterklasse, während der Anteil bei einheimischen Eltern vernachlässigbar ist (1%). Mit einem Realschulabschluss liegen die entsprechenden relativen Häufigkeiten bei 25% und 9%. Diese Diskrepanzen sprechen dafür, dass es zu einer Abwertung der Schulabschlüsse von Migranten kommt, so dass die Klassenposition von Migranten den tatsächlichen familialen Hintergrund nur unscharf widerspiegelt. Dennoch kann festgehalten werden, dass – bei einer Dominanz primärer Effekte sowohl bei einheimischen Familien als auch bei Migranten – sekundäre Effekte der sozialen Herkunft in Familien mit Migrationshintergrund eine deutlich geringere Rolle spielen, was in einem insgesamt schwächeren Gesamteffekt resultiert.

In den berichteten kontrafaktischen Analysen wurden primäre und sekundäre Effekte sozialer Herkunft innerhalb der Teilstichproben, also für Migranten und Einheimische separat geschätzt. Soziale Unterschiede in Schulleistungen und bedingten Übertrittswahrscheinlichkeiten ergeben sich daher aufgrund von relativen Disparitäten innerhalb der jeweiligen Substichprobe, welche dann in Relation zueinander gesetzt wurden. In einem nächsten Schritt soll anhand gepoolter logistischer Regressionsmodelle mit Gruppenindikatoren unmittelbar zwischen autochthonen und allochthonen Familien verglichen werden. Auf diesem Weg können auch absolute Leistungsunterschiede kontrolliert und die gruppenspezifischen Übertrittswahrscheinlichkeiten unter Berücksichtigung zusätzlicher erklärender Variablen geschätzt werden. Wie eingangs erwähnt, wird in dieser Analyse zusätzlich nach türkischem und anderem Migrationshintergrund differenziert. Die Ergebnisse sind Tabelle 13 zu entnehmen.

In dem Bruttomodell mit Berücksichtigung der Kontrollvariablen (Bundesland, Geschwisterzahl und Geschlecht) zeigt sich erwartungsgemäß ein negativer Effekt auf den Gymnasialübertritt für die türkische Migrantengruppe (Modell 1). Bereits in diesem Modell ist kein Nachteil der Gruppe mit anderem Migrationshintergrund feststellbar, was sicherlich nicht zuletzt auf das positiv selektierte Sample von BiKS-8-14 zurückzuführen ist.

---

20 Diesbezüglich weichen die Schlussfolgerungen von den Ergebnissen in Relikowski et al. 2009; 2010 ab. Die Unterschiede – auch in den Ergebnissen der kontrafaktischen Analyse – sind dadurch begründet, dass zum einen die Übertrittsentscheidung in den Publikationen eine vorläufige war und hier die aktualisierte, finale Schulformwahl berücksichtigt wird und zum anderen die Operationalisierung des Bildungshintergrunds voneinander abweicht. In den Publikationen wurde hohe Bildung über den Hochschulabschluss definiert, wohingegen in den vorliegenden Analysen das Abitur nicht zu der mittleren, sondern zur hohen Bildungskategorie gerechnet wird. Aufgrund dieser Differenzen in der Operationalisierung ändern sich die Schlussfolgerungen der kontrafaktischen Analyse nicht substantiell, jedoch muss auf Basis der neuen Analysen die Interpretation hinsichtlich des Arguments der Statusinkonsistenzen relativiert werden.

In Modell 2 werden Indikatoren zur Messung des sozialen Hintergrunds eingeführt (beruflicher Status gemessen über soziale Klasse und Berufsprestige als auch kulturelle wie Humankapitalressourcen gemessen über Bildungshintergrund und die Anzahl der Bücher im Haushalt). Die soziale Herkunft der Kinder erklärt den vormals negativen Effekt für die türkische Gruppe vollständig, so dass keine signifikanten Gruppenunterschiede zwischen Einheimischen und Migranten im Übergangsverhalten mehr feststellbar sind.

Modell 3 berücksichtigt zusätzlich die Leistungsindikatoren Durchschnittsnote und Wortschatztest. Primäre und sekundäre Effekte sozialer Herkunft sowie ein Indikator für unterschiedliche Deutschkompetenzen (im Sinne primärer ethnischer Effekte) sind damit kontrolliert. Hier zeigt sich nun erwartungsgemäß ein deutlicher Effekt höherer Übergangsraten bei beiden unterschiedenen Migrantengruppen. Auch eine zusätzliche Aufnahme der Schulformempfehlung zur Kontrolle der institutionellen Einflussnahme auf die Bildungsentscheidung beeinträchtigt diese positiven migrantenspezifischen Effekte nur in geringem Maße (Modell 4).

Nun soll zur Prüfung der These positiver sekundärer Effekte ethnischer Herkunft in drei Modellen der Zusammenhang mit den Bildungsaspirationen getestet werden. Modell 5 beinhaltet die idealistischen Abschlussaspirationen der Eltern. Zwar ist der Indikator signifikant, jedoch ist kein substantieller Effekt auf die Gymnasialübertritte von Migranten zu verzeichnen. Dies mag jedoch auch daran liegen, dass die Variable sehr rechtsschief verteilt ist, das heißt die Mehrheit der autochthonen wie auch allochthonen Eltern wünscht sich das Abitur für ihr Kind, so dass die Variable wenig zur Erklärung der Gruppenunterschiede beitragen kann. Jedoch sollte es nicht allein wichtig sein, was sich die Eltern hinsichtlich der Schullaufbahn wünschen, sondern auch, wie sie den Wunsch des Kindes wahrnehmen. Daher wird im nächsten Schritt der antizipierte Wunsch nach einem Gymnasialbesuch aufgenommen (Modell 6). Dieser Indikator erweist sich in der Erklärung der konditionalen Gymnasialübergänge von Migranteneltern als durchaus bedeutsam. Die Effekte türkischer Migranten sowie anderer Herkunftsländer werden unter Hinzunahme der Variablen deutlich in Stärke und Signifikanz abgeschwächt. Zugleich verliert die idealistische Aspiration der Eltern vollständig ihre Erklärungskraft.

Modell 7 zeigt, dass darüber hinaus die realistischen Aspirationen der Eltern maßgeblich zur Erklärung der höheren konditionalen Übertrittswahrscheinlichkeiten beitragen – die Effekte beider Migrantengruppen sind nicht mehr signifikant. Damit kann die These positiver ethnischer sekundärer Effekte als bestätigt betrachtet werden.

Tabelle 13: Soziale und ethnische Herkunftseffekte: Logistische Regressionsanalyse für den Übergang auf das Gymnasium

	1	2	3	4	5	6	7
Migrationshintergrund (Ref.: beide Eltern in Deutschland geboren)							
Herkunftsland: Türkei	-0,30*	0,05	0,93**	0,79**	0,71**	0,42+	0,23
Andere Herkunftsländer	0,02	0,22	0,73**	0,71**	0,68**	0,59*	0,42
Bayern (Ref.: Hessen)	-0,09	0,04	-0,24	0,03	0,29	0,43	0,74*
Anzahl der Geschwister	-0,51**	-0,67**	-0,48**	-0,46**	-0,43+	-0,48+	-0,38
Mädchen (Ref.: Jungen)	0,09	0,11	-0,05	-0,21	-0,21	-0,48+	-0,60*
Höchstes Berufsprestige im Haushalt		0,84**	0,69**	0,51+	0,52+	0,41	0,23
Höchste soz. Klasse im Haushalt (Ref.: Arbeiterklasse)							
Mittlere soz. Klasse		0,35	0,12	-0,12	0,12	0,26	0,20
Dienstklasse		0,54+	0,13	-0,15	-0,03	0,18	0,15
Höchster Schulabschluss im Haushalt (Ref.: max. Hauptschulabschluss)							
Realschulabschluss		0,57**	0,45+	0,19	0,14	0,02	0,23
(Fach-)Abitur		1,66**	1,24**	0,98**	0,72*	0,67	0,82+
Anzahl der Bücher im Haushalt (Ref.: <51)							
51-100		0,59*	0,49+	1,03**	0,93**	1,45**	1,42**
>100		1,08**	1,07**	1,50**	1,36**	1,51**	1,32**
Durchschnittsnote (rekodiert)			5,88**	3,33**	3,28**	2,93**	2,54**

3.2 Soziale und ethnische Herkunftseffekte

	M1	M2	M3	M4	M5	M6	M7
Wortschatztest		0,58**	0,29	0,34		0,68*	0,70*
Gymnasialempfehlung (Ref.: andere Schulformempfehlung)			3,26**	3,14**		3,23**	3,12**
Idealistische Aspiration Abitur				1,86**		0,41	0,29
Antizipierter Wunsch des Kindes: Gymnasium						5,76**	5,44**
Realistische Aspiration Abitur							1,97**
Nagelkerkes Pseudo-R²	0,03	0,32	0,70	0,78	0,80	0,88	0,89
ICC	0,07	0,02	0,05	0,01	0,02	0,00	0,01
Intercept Varianz (s.e.)	0,26 (0,09)	0,06 (0,08)	0,17 (0,15)	0,04 (0,15)	0,05 (0,16)	0,00 (0,00)	0,03 (0,32)

Anmerkungen: Quelle: Eigene Berechnungen auf Basis von BiKS-8-14, Wellen 3 und 4. n=1295; n Schulklassen=141. Binäre logistische Regressionen mit Random Intercept. Angabe der standardisierten Beta-Koeffizienten. ICC im Nullmodell: 0,08. **signifikant bei p<0,01, *signifikant bei p<0,05, + signifikant bei p<0,1.

3.2.4 Zusammenfassung

Unter Verwendung einer kontrafaktischen Analysemethode und logistischer Regressionsmodelle wurden Familien mit und ohne Migrationshintergrund hinsichtlich primärer und sekundärer Herkunftseffekte vergleichend untersucht. Die Ergebnisse zeigen, dass primäre Herkunftseffekte sowohl bei autochthonen wie auch allochthonen Familien eine wesentliche Determinante beim Übergang in die Sekundarstufe darstellen. Dagegen zeigten sich für Migrantenfamilien deutlich schwächere sekundäre Effekte sozialer Herkunft als bei einheimischen Familien.

Der Gesamteffekt sozialer Ungleichheit fällt bei Migranten kleiner aus als bei der einheimischen Stichprobe, was auf die insgesamt geringere Bedeutung sekundärer Effekte zurückzuführen ist. Dabei konnten substantielle Unterschiede zwischen der sozialen Klassenzugehörigkeit und dem Bildungsniveau festgestellt werden: Wenngleich hinsichtlich beider Dimensionen sekundäre Effekte bei Migranten geringer ausfallen, so zeigen sich diese doch deutlicher nach dem elterlichen Bildungsniveau als nach der sozialen Klassenposition. Es finden sich Hinweise, dass ein Grund dafür Statusinkonsistenzen sein können. Migranten platzieren sich auch mit höheren Schulabschlüssen häufiger in der Arbeiterklasse als Einheimische.

Darüber hinaus wurde festgestellt, dass Migranten höhere konditionale Übergangsraten auf das Gymnasium aufweisen, wenn die soziale Herkunft und Leistung der Kinder konstant gehalten werden. Dieses Phänomen kann im Sinne der These positiver sekundärer Effekte ethnischer Herkunft durch die Bildungsaspirationen erklärt werden. Die Ergebnisse verweisen damit auf eine besonders ausgeprägte, migrationsspezifische Bildungsmotivation, deren Verwirklichung in erster Linie durch die schlechtere schulische Performanz verhindert wird.

3.3 Determinanten und Entwicklung realistischer Bildungsaspirationen von Eltern mit Migrationshintergrund[21]

3.3.1 Forschungsfragen und Hypothesen

Im vorangegangenen Kapitel konnte gezeigt werden, dass die Bildungsaspirationen den Schlüssel zur Erklärung des migrantenspezifischen Phänomens höherer konditionaler Übertrittsraten auf anspruchsvollere Schulzweige darstellen (siehe Kristen und Dollmann 2009). Was jedoch eine weitgehend offene Frage darstellt, ist, wie

---

21 Die folgenden Ausführungen weisen große Ähnlichkeiten mit der Publikation Relikowski et al. 2012 auf.

3.3 Determinanten und Entwicklung realistischer Bildungsaspirationen 87

es zu den ambitionierten Bildungsaspirationen von Migranten kommt. Warum streben Familien mit Migrationshintergrund höhere Schulformen und -abschlüsse an als einheimisch deutsche Eltern? Zwar werden in der Literatur eine Reihe von möglichen Erklärungsansätzen diskutiert, jedoch wurden diese bislang entweder gar nicht oder nicht umfassend überprüft (siehe Kapitel 2.4). Die folgende Untersuchung soll einen Beitrag zur Schließung dieser Forschungslücke leisten. Es werden Aspekte der Immigrant Optimism- und der Informationsdefizit-Argumentation fokussiert. Hierbei stehen die elterlichen Bildungsaspirationen im ersten Halbjahr der vierten Klassenstufe im Vordergrund. Diese Entscheidung basiert auf dem Umstand, dass zu diesem Zeitpunkt der Übertritt zwar nicht mehr weit entfernt war, die Übertrittsempfehlung jedoch noch nicht erteilt wurde. Demzufolge können die elterlichen Aspirationen als noch weitgehend unabhängig von der Rückmeldung der Lehrkräfte betrachtet werden. Dabei wird insbesondere auf die in Kapitel 2.4 ausführlich dargestellten Befunde der qualitativen BiKS-Studie mit türkischen Eltern Bezug genommen (Relikowski et al. 2012).

Neben einer querschnittlichen Betrachtung, werden darüber hinaus Entwicklungsverläufe der elterlichen Bildungsaspirationen nachgezeichnet, um die Frage zu klären, ob und inwiefern die hohen Aspirationen von Migranten mit Näherrücken der Übertrittsentscheidung und daraufhin mit der Selektion in verschiedene Sekundarschulformen revidiert werden. Kommt es also zu einer Anpassung der Erwartungen zwischen Migranten und einheimischen Eltern, oder erweisen sich die höheren Bildungsaspirationen als stabil?

Es stehen dabei ausschließlich die realistischen Bildungsaspirationen im Mittelpunkt der Untersuchung, weil sie für das Fällen von Übertrittsentscheidungen relevanter sind als der reine Bildungswunsch (siehe auch Kapitel 4.2). Folgende konkrete Hypothesen werden überprüft:

Strukturelle Bildungschancen im Herkunftsland und individueller Bildungsgrad

(1.1) Mit der Immigrant Optimism-Hypothese kann angenommen werden, dass hohe Erwartungen hinsichtlich der Bildungschancen insbesondere dann vorherrschen, wenn Migranten bessere strukturelle Bedingungen im Zielland vorfinden. Daher ist denkbar, dass Migranten aus Ländern, in denen der Bildungserfolg durch mangelnde Zugangsmöglichkeiten zu Bildung erschwert wird, besonders hohe Aspirationen aufweisen.

(1.2) Wie im Forschungsstand (Kapitel 2.4) dargestellt, hat der individuelle Bildungsgrad von Migranten eine weniger sozial stratifizierende Wirkung auf deren Bildungsaspirationen als auf die einheimische Bevölkerung. Im Sinne des Immigrant Optimism-Arguments könnte dies darauf zurückzuführen sein, dass

Migranten mit niedrigem Bildungsniveau höhere Aspirationen als die einheimische Vergleichsgruppe aufweisen, da sie sich durch die Migration bessere Möglichkeiten erhoffen, eigene verpasste Bildungschancen über ihre Kinder nachzuholen. Darüber hinaus finden sie sich häufig in unattraktiven Berufspositionen wieder, was das negative Erleben niedriger Bildungsabschlüsse intensiviert und damit den Wunsch des Aufstiegs aus der Arbeiterklasse erhöht. Ferner ließe sich argumentieren, dass ein höherer Aufstiegswille von Migranten niedrigen Bildungsniveaus durch schulbezogene Informationsdefizite verstärkt wird, da gerade bei diesen Eltern die Distanz zwischen eigener Bildungserfahrung und dem angestrebten Bildungsweg für das Kind besonders groß ist. Letztendlich könnte das zu einer Überschätzung der realistischen Möglichkeiten führen. Insbesondere relevant erscheinen diese Annahmen für türkische Einwanderer erster Generation aufgrund ihres durchschnittlich geringeren Bildungsgrades im Vergleich zu allen anderen Zuwanderergruppen. Am deutlichsten betrifft dies türkische Mütter, die häufig keinerlei Schulabschluss besitzen (Babka von Gostomski 2010). Somit sollte bei der türkischen Gruppe das Aufstiegsmotiv für die nächste Generation besonders wirksam sein.

(1.3) Darüber hinaus kann argumentiert werden, dass strukturelle Bildungschancen im Herkunftsland in Wechselwirkung mit dem individuellen Bildungsgrad der Migranten stehen. Wie sich auch in der qualitativen Studie angedeutet hat, begründen türkische Eltern ihren geringen Bildungsgrad u.a. auch durch die schlechteren Opportunitäten in der Türkei. Das Erleben solcher struktureller Restriktionen hinsichtlich des eigenen Bildungsverlaufs sollte daher das Streben nach schulischem Erfolg für die Kinder verstärken.

(1.4) Schließlich soll auch überprüft werden, welche Rolle die Schulleistungen der Kinder sowie die Bundeslandzugehörigkeit hinsichtlich der Bildungsaspirationen von Migranten spielen. Wie an anderer Stelle bereits bestätigt (Kurz und Paulus 2008), beeinflussen bessere Schulleistungen und das weniger restriktive Schulsystem Hessens die elterlichen Aspirationen positiv. Bezugnehmend auf Beckers (2010b) Ergebnisse hinsichtlich idealistischer Aspirationen (vgl. Kapitel 2.4) ließe sich annehmen, dass türkische Eltern auch vergleichsweise höhere *realistische* Aspirationen aufweisen, sobald die restringierende Wirkung einer schlechteren schulischen Performanz berücksichtigt wird.[22]

---

22 In diesem Zusammenhang scheint der Terminus einer realistischen Aspiration kontraintuitiv, da die Aspirationen eher *unrealistisch* hoch wären. Das in der englischsprachigen Literatur gebräuchliche Pendant der ‚expectations' wäre wohl treffender, da subjektive Erwartungen auch nach Berücksichtigung der Restriktionen durchaus hoch sein können.

Erfahrungen mit dem deutschen Bildungssystem

(2.1) Sollten Informationsdefizite bezüglich des deutschen Bildungssystems tatsächlich eine verstärkende Wirkung auf den Immigrant Optimism haben, so müsste sich dies darin zeigen, dass Eltern, die ausschließlich Schulen im Herkunftsland besucht haben, höhere Aspirationen aufweisen als etwa einheimische Eltern oder Migranten, die in Deutschland zur Schule gegangen sind.

(2.2) Für Migranten, die das deutsche Bildungssystem nicht besucht haben, sollte darüber hinaus die Bedeutung von Schulnoten für spätere Bildungschancen unklarer sein, da eine realistische Einschätzung Wissen über die auf Noten basierenden Übertrittsregelungen in die Sekundarstufe voraussetzt. Ließe sich speziell für diese Gruppe der Migranteneltern ein schwächerer Zusammenhang zwischen ihren Bildungsaspirationen und den Schulnoten des Kindes finden, so wäre dies ein deutlicher Hinweis auf die Gültigkeit der Informationsdefizit-Hypothese.

(2.3) Desgleichen wäre denkbar, dass Migranten, die aufgrund fehlender Erfahrung mit dem deutschen Schulsystem weniger Einblick in den Schulalltag des Kindes haben, die Schulleistungen des Kindes überschätzen. Auch geben Eltern türkischer Herkunft in der qualitativen BiKS-Studie an, mangels eigener Bildungserfahrung im deutschen Schulsystem und aufgrund schlechter deutscher Sprachkenntnisse die Leistungen ihrer Kinder nur bedingt einschätzen zu können. Insbesondere im Hinblick auf die Leistungen im Fach Deutsch könnte daher eine Überschätzung der Performanz angenommen werden, was sich positiv auf die Höhe der Aspirationen auswirken sollte (siehe auch Gresch 2012).

(2.4) Die vorherrschenden hohen Bildungsdisparitäten nach sozialer und ethnischer Herkunft weisen auf eine mangelnde Ausgleichswirkung der deutschen Schule hin. Während Bildungssysteme anderer Länder sehr viel stärker für den Ausgleich herkunftsbedingter Nachteile sorgen (z.B. skandinavische Länder), tragen in Deutschland die Eltern nach wie vor eine große Verantwortung für den Bildungserfolg ihrer Kinder. In Bezug auf die Informationsdefizit-Hypothese kann daher angenommen werden, dass sich Eltern mit Erfahrungen im deutschen Schulsystem der Bedeutung ihres eigenen Unterstützungspotenzials eher bewusst sind und daher diese Überlegung in die Formation ihrer Bildungsaspirationen stärker integrieren als Eltern mit Migrationshintergrund, deren Wissen sich möglicherweise nur auf das Bildungssystem ihres Herkunftslandes beschränkt. Beispielsweise nehmen Eltern in der Türkei im Bildungsprozess eine eher passive Rolle ein, die Verantwortung für die Bildung des Kindes wird damit im Wesentlichen an die Lehrkräfte abgegeben (Toprak 2008). Die qualitative BiKS-Studie liefert Hinweise, dass diese Einstellung auch auf das deutsche Bildungssystem übertragen wird. Daher ist zu vermuten, dass türkische Eltern auf das deutsche Schulsystem so stark vertrauen, dass sie Bildungserfolge auch ohne ihre eigene Unterstützung in schulischen Belangen für möglich halten.

(2.5) Hinsichtlich der Entwicklung von Bildungsaspirationen von der Grundschule bis nach dem Übergang in die Sekundarstufe I könnte angenommen werden, dass die hohen Erwartungen der Eltern zunehmend nach unten revidiert werden, wenn sie mit den Selektionsmechanismen des Schulsystems konfrontiert werden. Mit dem näher rückenden Übertritt sollte der Informiertheitsgrad über Möglichkeiten und Restriktionen in Anbetracht der Schulleistungen ihrer Kinder zunehmen, was ihre als realisierbar erachteten Ziele abschwächen sollte.

Prüfung induktiv gewonnener qualitativer Ergebnisse

Aus den qualitativen BiKS-Interviews konnten für türkische Migranten zwei wesentliche, induktiv gewonnene Ergebnisse abgeleitet werden, die quantitativ nun auch im Vergleich zu einheimischen Eltern sowie zu Migranten aus anderen Herkunftsländern überprüft werden sollen.

(3.1) Im Sinne eines sozialen Aufstiegsmotivs ist die Wahrnehmung der Instrumentalität von hoher Bildung für späteren Arbeitsmarkterfolg für türkische Eltern in der qualitativen BiKS-Studie besonders präsent. Hohe Bildung wird eher als Mittel für späteren Berufserfolg betrachtet als ein Ziel an sich. Ob diese Wahrnehmung speziell für türkische Migranten hinsichtlich ihrer Bildungsaspirationen bedeutsam ist, soll quantitativ überprüft werden.

(3.2) Die qualitative BiKS-Studie weist darauf hin, dass sich türkische Migranten sehr stark auf die wahrgenommene Motivation und Schulfreude des Kindes in der Formation ihrer Aspirationen stützen. Auch hier stellt sich die Frage, ob dies nicht eher ein genereller, für alle Herkunftsgruppen gleichermaßen relevanter Einflussfaktor ist.

3.3.2 Variablenbeschreibung

Zur Messung der abhängigen Variablen, der realistischen Bildungsaspiration der Eltern, wird folgendes Item herangezogen: „Und wenn Sie nun an die Schulleistungen von [Zielkind] denken, halten Sie es für sehr wahrscheinlich, eher wahrscheinlich, teils-teils, eher unwahrscheinlich oder sehr unwahrscheinlich, dass [Zielkind] das Abitur schaffen wird?" Was in der Untersuchung der Übertrittsentscheidung als unabhängige Variable Berücksichtigung findet[23] (Kapitel 4.2), wird nun – unter Verwendung der Informationen aus der zweiten Erhebungswelle von BiKS-8-14 – zur abhängigen Variablen. Die Untersuchung der Entwick-

---

23 Indikator aus Welle 3

lung realistischer Aspirationen erfolgt für die Wellen 1 bis 4 (zweites Halbjahr der dritten Grundschulklasse bis zweites Halbjahr der fünften Jahrgangsstufe). Der Indikator zur Messung der abhängigen Variablen wurde in allen Wellen identisch erhoben.

Die Einteilung in Herkunftsgruppen wird entlang der Annahme makrostruktureller Einflüsse vorgenommen. Die Gruppenzugehörigkeit wird über die im Herkunftsland vorherrschende tertiäre Bildungsbeteiligung operationalisiert, wodurch Länderunterschiede im Zugang zu Bildung deutlicher abgebildet werden als etwa durch Beteiligungsquoten im Primar- oder Sekundarbereich. Mit Bezug auf den ‚gross enrolment ratio' (GER) auf tertiärer Ebene für das Jahr 2001 (UNESCO 2004) werden folgende Länder(gruppen) unterschieden: (1) Länder, die eine geringere tertiäre Bildungsbeteiligung aufweisen als die Türkei (z.B. Vietnam: GER = 10,0, Marokko: GER = 10,3, Irak: GER = 14,1); (2) die Türkei als einziges Herkunftsland, das aufgrund seiner Sonderrolle separat betrachtet wird (GER = 24,8); (3) Länder, die eine höhere tertiäre Bildungsbeteiligungsquote aufweisen als die Türkei, jedoch eine geringere als Deutschland (z.B. Rumänien: GER = 30,4, Tschechische Republik: GER = 33,7, Kroatien: GER = 36,4); (4) Deutschland als Referenzkategorie (GER = 49,9); (5) Länder, die eine höhere tertiäre Bildungsbeteiligung aufweisen als Deutschland (z.B. Frankreich: GER = 53,6, Polen: GER = 58,5, USA: GER = 81,4).

Um die Bedeutung der elterlichen Erfahrungen mit dem deutschen Schulsystem überprüfen zu können, wird danach unterschieden, ob ein einfacher oder ein doppelter Migrationshintergrund vorliegt. Ist nur ein Elternteil im Ausland geboren, wird angenommen, dass der in Deutschland gebürtige Partner eine deutsche Schule besucht hat. Zum anderen wird bei doppeltem Migrationshintergrund – wenn also beide Elternteile im Ausland geboren sind – danach differenziert, ob mindestens ein Elternteil einen Schulbesuch in Deutschland aufweist oder keiner der Eltern in Deutschland zur Schule gegangen ist. Die Variable zum Schulbesuch in Deutschland wurde den Daten der 3. Erhebungswelle entnommen.

Eine dritte Differenzierung nach Herkunftsgruppen, welche spezifische Zusammenhänge bezüglich der türkischen Migrantengruppe hervorhebt, erfolgt analog zur Operationalisierung in Kapitel 4.2 (einheimisch deutsche Eltern/ Eltern türkischer Herkunft/ Eltern aus anderen Herkunftsländern).

Um die Argumentation des ausgeprägten Aufstiegsstrebens von Migranten aus den niedrigsten sozialen Klassen zu prüfen, wird berücksichtigt, ob die auf Haushaltsebene höchste soziale Position der Arbeiterklasse entspricht (Facharbeiter, un- und angelernte Arbeiter und Landarbeiter). Anders als die dreistufige Operationalisierung der sozialen Klassenzugehörigkeit in den vorangegangen Analysen (Kapitel 4.1 und 4.2), soll hier also mithilfe der dichotomen Unterscheidung der Fokus auf die besondere Rolle der Arbeiterklasse im Vergleich zu Eltern höherer beruflicher Position gerichtet werden. Der höchste Bildungsgrad der Eltern fließt hingegen wiederum dreistufig in die Analysen ein: (1) kein Schulabschluss oder maximal Hauptschulabschluss; (2) Realschulabschluss; (3) mindestens (Fach-)Abitur.

Neben der Berücksichtigung des Bundeslandes über eine Dummy-Variable für Bayern (mit Referenz Hessen) werden in den querschnittlichen Modellen Mitte der vierten Klasse die Schulleistungen analog zu den vorangegangenen Analysen über die Durchschnittsnote in Mathematik, Deutsch sowie (Heimat- und) Sachunterricht operationalisiert. Die Noten sind dem Endjahreszeugnis der dritten Grundschulklasse entnommen und fließen z-standardisiert sowie rekodiert in die Analysen ein. In den längsschnittlichen Analysen der Entwicklung von Bildungsaspirationen wird hingegen die Schulleistung ausschließlich über einen Durchschnitt der Zeugnisnoten in den Fächern Deutsch und Mathematik gemessen. Diese Entscheidung liegt im Einbezug der ersten Erhebung in der Sekundarstufe I (Welle 4: Halbjahreszeugnis der 5. Jahrgangsstufe) begründet, wodurch eine über alle Erhebungszeitpunkte konsistente Messung von Schulleistungen ausschließlich über diese beiden Kernfächer möglich ist.

In den Analysen zur Erklärung der hohen Bildungsaspirationen werden die Einflüsse verschiedener subjektiver Einschätzungen der Eltern überprüft, welche insbesondere auf die formulierten Annahmen bezüglich der Informationsdefizit-Hypothese abzielen.

Die Eltern wurden um eine persönliche Einschätzung der Leistung ihrer Kinder gebeten, die in Form von Schulnoten gegeben werden sollte. Die in die Analysen einfließende Variable wird über einen Differenzwert der tatsächlichen Deutschnote aus dem Endjahreszeugnis der dritten Klasse und der Elterneinschätzung der Deutschleistung gebildet. Die Dummy-Variable misst, ob Eltern die Leistung besser bewerten, als es die Schulnote erwarten ließe. Diese Form der Überschätzung wird in Referenz zu denjenigen Fällen gesetzt, in denen die Leistungen der Kinder entsprechend der Zeugnisnote oder schlechter als diese bewertet wurden.

Zudem wird eine Skala der Unterstützungsfähigkeit berücksichtigt, welche faktorenanalytisch über drei Items gebildet wurde. Die Eltern wurden auf Basis einer fünfstufigen Antwortskala gefragt, wie gut sie sich in der Lage fühlen, die Hausaufgaben des Kindes inhaltlich zu kontrollieren, ihrem Kind beim Lernen zu helfen und Aufgaben zu erklären, die es nicht versteht (Cronbachs alpha: 0,87).

Zur Überprüfung der induktiv gewonnenen Ergebnisse der qualitativen Studie gehen die folgenden zwei Variablen in die Analysen ein:

Die Schulfreude des Kindes aus Elternsicht ist eine faktorenanalytisch gewonnene Skala auf Basis von folgenden vier Items (Cronbachs alpha: 0,89): [ZK] (1) gefällt es in der Schule; (2) geht gerne in die Schule; (3) hat viel Freude am Lernen in der Schule; (4) macht die Schule Spaß. Der Grad der Zustimmung wurde fünfstufig erfasst. Die Skala zur Bedeutung hoher Bildung für den späteren Arbeitsmarkterfolg wurde anhand von drei Items gebildet und fließt ebenfalls als Faktorwert in die Analysen ein. Hier wurde fünfstufig der Zustimmungsgrad bei folgenden Aussagen erfasst (Cronbachs alpha: 0,56): Eine hohe Schulbildung (1) ermöglicht einem ein hohes Einkommen; (2) schützt vor Arbeitslosigkeit; (3) ermöglicht es, einen angesehenen Beruf zu ergreifen.

In den Wachstumskurvenmodellen zur Entwicklung der realistischen Aspirationen wird darüber hinaus anhand von wellenspezifischen Dummy-Variablen berücksichtigt, ob zu Welle 3 (Ende vierte Klasse) eine Gymnasialempfehlung oder eine Empfehlung für eine andere Schulform durch die Grundschullehrkraft erteilt wurde und zu Welle 4 (Mitte fünfte Klasse) der Übertritt auf das Gymnasium (versus einer anderen Schulform) erfolgt ist.

Eine Reihe unabhängiger Variablen fließt unter Kontrolle fehlender Werte mithilfe von Missing-Dummies in die Analysen ein. Tabelle 14 weist neben der Darstellung der deskriptiven Maßzahlen die betreffenden Variablen aus (siehe Spalte rechts).

Tabelle 14: Bildungsaspirationen von Eltern mit Migrationshintergrund: Deskriptive Maßzahlen verwendeter Variablen

	M	SD	min.	max.	n	Mis.-Dum.
Realistische Aspiration Abitur						
Welle 1	3,36	1,29	1	5	2009	
Welle 2	3,29	1,23	1	5	1943	
Welle 3	3,32	1,26	1	5	1758	
Welle 4	3,29	1,21	1	5	1631	
Migrationshintergrund nach Tertiärisierungsgrad					2205	
Herkunftsland: tertiäre Bildung < Türkei	0,03	0,18	0	1		
Herkunftsland Türkei	0,05	0,23	0	1		
Herkunftsland: Deutschland	0,77	0,42	0	1		
Herkunftsland: tertiäre Bildung > Türkei & < Deutschland	0,07	0,25	0	1		
Herkunftsland: tertiäre Bildung > Deutschland	0,08	0,26	0	1		
Migrationshintergrund und dt. Schulbesuch (Welle 1+3)					2080	
Beide Eltern in Deutschland geboren	0,82	0,39	0	1		
Ein Elternteil in Deutschland geboren	0,10	0,30	0	1		
Beide Eltern im Ausland geboren und mind. ein Elternteil mit Schulbesuch in Deutschland	0,04	0,20	0	1		
Beide Eltern im Ausland geboren und kein Elternteil mit Schulbesuch in Deutschland	0,04	0,20	0	1		

Türkischer vs. anderer Migrationshintergrund					2228	
Beide Eltern in Deutschland geboren	0,77	0,43	0	1		
Herkunftsland: Türkei	0,05	0,23	0	1		
Andere Herkunftsländer	0,18	0,39	0	1		
Höchste soz. Klasse im Haushalt					2190	X
Arbeiterklasse	0,14	0,35	0	1		
Höhere soz. Klasse	0,86	0,35	0	1		
Höchster Schulabschluss im Haushalt					2193	X
Max. Hauptschulabschluss	0,23	0,42	0	1		
Realschulabschluss	0,33	0,47	0	1		
(Fach-)Abitur	0,44	0,50	0	1		
Bundesland					2395	
Bayern	0,65	0,48	0	1		
Hessen	0,35	0,48	0	1		
Durchschnittsnote (rekodiert) (Welle 2)	4,54	0,79	2	6	2008	X
Durchschnittsnote in Deutsch/Mathematik (rekodiert)						X
Welle 1	4,48	0,84	1,5	6	2257	
Welle 2	4,49	0,82	2	6	2029	
Welle 3	4,39	0,86	1	6	1967	
Welle 4	4,29	0,70	2	6	1630	
Einschätzung der Deutschnote (Welle 2)					1752	X
Überschätzen der Deutschnote	0,25	0,44	0	1		
Keine Überschätzung	0,75	0,44	0	1		
Unterstützungsfähigkeit (Selbsteinschätzung) (Welle 2)	0,00	1,00	-4,63	0,73	2007	
Schulfreude (Elternsicht) (Welle 2)	0,00	1,00	-3,90	0,94	2013	
Bedeutung hoher Bildung (Welle 2)	0,00	1,00	-2,93	2,10	1998	
Grundschulempfehlung (Welle 3)					1930	X
Gymnasialempfehlung	0,42	0,49	0	1		
Andere Schulformempfehlung	0,58	0,49	0	1		
Gewählte Schulform (Wellen 4)					2021	
Gymnasium	0,51	0,50	0	1		
Andere Schulform	0,49	0,50	0	1		

Anmerkungen: Quelle: Eigene Berechnungen auf Basis von BiKS-8-14, Wellen 1 bis 4.

3.3.3 Ergebnisse

Erklärung der hohen Bildungsaspirationen von Migranten[24]

Die Ergebnisse der Analysen zur Überprüfung der Hypothesen 1.1 bis 1.3 sind in Tabelle 15 dargestellt. In einem ersten Bruttomodell werden lediglich die verschiedenen Gruppen nach dem Tertiärisierungsgrad im Herkunftsland unterschieden (Modell 1). Mit Ausnahme der Migranten aus Ländern hoher tertiärer Bildungsbeteiligung zeigt sich die Tendenz höherer realistischer Aspirationen im Vergleich zu einheimischen Eltern. Wesentlich deutlicher zeigt sich ein Muster strukturell bedingter Bildungsaspirationen, sobald für die Zugehörigkeit zu Arbeiterklasse kontrolliert wird (Modell 2): Je größer die strukturelle Diskrepanz in Bezug auf den Zugang zu höherer Bildung zwischen Herkunftsland und Deutschland ist, desto höher ist die realistische Aspiration der Eltern mit Migrationshintergrund. Gemäß Hypothese 1.1 bestätigt sich die Annahme, dass eine geringere Bildungsbeteiligung im Herkunftsland mit höheren realistischen Aspirationen einhergeht.

Wird jedoch in Modell 3 die Interaktion mit den verschiedenen Herkunftsgruppen eingeführt, zeichnet sich ein deutlich positiver partieller Effekt spezifisch für Migranten türkischer Herkunft ab. Das bedeutet, hier ist im Kontrast zu einheimischen Eltern (wie auch zu allen anderen Herkunftsgruppen) keinerlei negativer Zusammenhang einer niedrigen sozialen Klassenposition mit der realistischen Aspiration feststellbar. Dieser Befund steht in Einklang mit den Ergebnissen der qualitativen BiKS-Studie und der Annahme (1.2), die überproportionale Positionierung türkischer Migranten in den unattraktivsten Berufen[25] könne dazu beitragen, dass insbesondere diese Gruppe einen Aufstieg aus der Arbeiterklasse für ihre Kinder forciert. Modell 4 verdeutlicht, dass dieser Effekt der Zugehörigkeit zur Arbeiterklasse erwartungsgemäß über die Wirkung des Bildungsgrades vermittelt wird.[26]

---

24 Die im Folgenden berichteten Ergebnisse weisen Ähnlichkeiten zur Publikation Relikowski et al. 2012 auf, basieren jedoch auf leicht abweichender Selektion der Analysestichproben und -methoden.
25 Relative Anteile in der Arbeiterklasse: Türkische Migranten = 44,1%; andere Migranten = 21,4%.
26 Relative Anteile mit max. Hauptschulabschluss: Türken = 55,0%; andere Migranten = 20,5%.

Tabelle 15: Bildungsaspirationen von Eltern mit Migrationshintergrund: Strukturelle Bildungschancen im Herkunftsland und individueller Bildungsgrad

	1	2	3	4	5	6	7
Migrationshintergrund nach Tertiärisierungsgrad (Ref.: beide Eltern in Deutschland geb.)							
Herkunftsland: tertiäre Bildung < Türkei	0,36*	0,57**	0,51*	0,40*	-0,11	0,18	0,47**
Herkunftsland: Türkei	0,25+	0,47**	0,14	0,40*	-0,01	0,47*	0,93**
Herkunftsland: tertiäre Bildung > Türkei & < Deutschland	0,22+	0,30**	0,32*	0,36**	0,04	0,12	0,36**
Herkunftsland: tertiäre Bildung > Deutschland	0,07	0,12	0,16	0,13	-0,04	0,15	0,24**
Arbeiterklasse (Ref.: höhere soziale Klasse)		-0,66**	-0,75**	-0,31**			
Interaktion: Arbeiterklasse*							
Herkunftsland: tertiäre Bildung < Türkei			0,35	0,25			
Herkunftsland: Türkei			0,75**	0,38			
Herkunftsland: tertiäre Bildung > Türkei & < Deutschland			-0,11	-0,37			
Herkunftsland: tertiäre Bildung > Deutschland			-0,12	-0,10			
Höchster Schulabschluss im Haushalt (Ref.: (Fach-)Abitur)							
Max. Hauptschulabschluss				-1,14**	-1,34**	-0,72**	-0,62**
Realschulabschluss				-0,67**	-0,78**	-0,48**	-0,40**
Interaktion: niedrige Bildung*							
Herkunftsland: tertiäre Bildung < Türkei					0,88*	0,56	

3.3 Determinanten und Entwicklung realistischer Bildungsaspirationen

	M1	M2	M3	M4	M5	M6	M7
Herkunftsland: Türkei				0,98**		0,85**	
Herkunftsland: tertiäre Bildung > Türkei & < Deutschland				0,22		0,20	
Herkunftsland: tertiäre Bildung > Deutschland				0,41		0,22	
Interaktion: mittlere Bildung*							
Herkunftsland: tertiäre Bildung < Türkei					0,95**		0,64*
Herkunftsland: Türkei					0,17		0,10
Herkunftsland: tertiäre Bildung > Türkei & < Deutschland					0,50*		0,57**
Herkunftsland: tertiäre Bildung > Deutschland					0,08		0,12
Bayern (Ref.: Hessen)						−0,21**	−0,23**
Durchschnittsnote (rekodiert, standardisiert)						0,68**	0,69**
Konstante	3,26**	3,32**	3,32**	3,73**	3,79**	3,61**	3,57**
R^2	0,00	0,01	0,01	0,06	0,06	0,15	0,14
ICC	0,07	0,06	0,06	0,02	0,02	0,02	0,03
Intercept Varianz (s.e.)	0,10 (0,03)	0,09 (0,02)	0,08 (0,02)	0,03 (0,02)	0,03 (0,02)	0,02 (0,01)	0,02 (0,01)
Residualvarianz (s.e.)	1,40 (0,05)	1,36 (0,05)	1,35 (0,05)	1,21 (0,04)	1,21 (0,04)	0,90 (0,03)	0,91 (0,03)

Anmerkungen: Quelle: Eigene Berechnungen auf Basis von BiKS-8-14, Welle 2. Für fehlende Informationen bei sozialen Klassen, Bildung, Durchschnittsnoten kontrolliert. n=1916; n Schulklassen=155. Lineare Regressionsmodelle mit Random Intercept. Angabe der Regressionskoeffizienten. ICC im Nullmodell: 0,08. **signifikant bei p<0,01, *signifikant bei p<0,05, + signifikant bei p<0,1.

Die Interaktionsterme in Modell 5 weisen darauf hin, dass der Zusammenhang zwischen realistischen Aspirationen und Bildungsgrad bei Migranten insgesamt schwächer ausfällt als bei autochthonen Eltern. Dies trifft jedoch nicht zu, wenn die Eltern aus Ländern mit sehr hoher Bildungsbeteiligung stammen. Ein schwächerer Zusammenhang mit einem niedrigen Bildungsniveau findet sich für Migranten aus der Türkei sowie Ländern mit einem geringeren Tertiärisierungsgrad. Hinsichtlich eines mittleren Bildungsniveaus der Eltern zeigt sich der schwächere Zusammenhang für Migranten aus Ländern mit geringster tertiärer Bildungsbeteiligung und mit einem Tertiärisierungsgrad, der sich zwischen dem Deutschlands und der Türkei bewegt. Zwar ist damit kein vollständig eindeutiges Muster in der Wechselwirkung zwischen Bildungsniveau und Tertiärisierungsgrad festzumachen, dennoch lassen die Ergebnisse darauf schließen, dass das Erleben struktureller Restriktionen hinsichtlich des eigenen Bildungsverlaufs das Streben nach schulischem Erfolg für die Kinder verstärkt (siehe Hypothese 1.3).

In Modell 6 wird die restringierende Wirkung von Schulnoten und institutionellen Unterschieden in den Bundesländern zusätzlich berücksichtigt (siehe hierzu Hypothese 1.4), welche die erwarteten Effekte zeigen. Bei vergleichbaren Schulleistungen der Kinder haben türkische Migranten niedrigen Bildungsgrades sogar noch höhere Aspirationen als hoch gebildete (einheimische) Eltern, wodurch die Ergebnisse der qualitativen BiKS-Studie gestützt werden: Hier spiegelt sich die hohe Motivation der Türken wider, ihren Kindern eine gute schulische Ausbildung zuteilwerden zu lassen, die ihnen selbst verwehrt geblieben ist.

Insbesondere nach Berücksichtigung der Schulleistungen erhöht sich der Haupteffekt elterlicher Erwartungen speziell für die türkische Gruppe deutlich (vgl. etwa Modell 1 und Modell 7). Während das Argument höherer Aspirationen bei gleichzeitig größerer struktureller Distanz erhalten bleibt, verschwindet dieses Muster bei türkischen Eltern, sobald die Leistungen ihrer Kinder konstant gehalten werden (Modell 7). Das bedeutet, dass die im Durchschnitt deutlich schlechteren Noten türkischer Kinder (vgl. hierzu Tabelle 8) die elterlichen Aspirationen bis zu einem gewissen Grad hemmen; bei vergleichbarer Leistung wird in Relation zu allen anderen Herkunftsgruppen das Erreichen des Abiturs als wesentlich wahrscheinlicher betrachtet.

In Tabelle 16 werden die Hypothesen 2.1 bis 2.4 mit Blick auf die Erfahrung der Eltern im deutschen Schulsystem überprüft. Anstelle der Unterscheidung der Herkunftsgruppen nach dem Tertiärisierungsgrad wird hier nun danach differenziert, ob ein oder beide Eltern im Ausland geboren sind. Im Falle eines doppelten Migrationshintergrunds wird unterschieden, ob die Eltern das deutsche

3.3 Determinanten und Entwicklung realistischer Bildungsaspirationen

Schulsystem besucht haben.[27] Die deskriptiven Befunde nach dieser Einteilung weisen darauf hin, dass insbesondere dann sehr hohe Bildungsaspirationen zu finden sind, wenn keines der Elternteile eine deutsche Schule besucht hat (Mittelwert auf der abhängigen Variablen bei 3,72 im Vergleich zu 3,23 bei einheimischen Eltern, 3,40 bei Eltern mit einfachem Migrationshintergrund und 3,55 bei Eltern mit doppeltem Migrationshintergrund und deutschem Schulbesuch). In der multivariaten Überprüfung dieser Zusammenhänge wurde stets für die in Tabelle 15 eingeführten Variablen Bildungshintergrund, Bundesland und die Durchschnittsnote kontrolliert. Modell 1 zeigt, dass das deskriptiv gefundene Muster unter Kontrolle dieser Variablen erhalten bleibt. Obwohl die Unterschiede innerhalb der Gruppe mit doppeltem Migrationshintergrund nach deutschem Schulbesuch nicht signifikant sind (nicht in der Tabelle dargestellt), könnte dies einen Hinweis auf die Gültigkeit der Hypothese liefern, dass schulbezogene Informationsdefizite besonders dann von Bedeutung für die Bildungsaspirationen sein sollten, wenn Eltern keinerlei eigene Erfahrung mit dem deutschen Bildungssystem gesammelt haben (Hypothese 2.1).

In Modell 2 wird zur Prüfung von Hypothese 2.2 ein Interaktionsterm mit der Durchschnittsnote der Kinder berücksichtigt. Da Kinder mit doppeltem Migrationshintergrund die vergleichsweise schlechtesten Schulnoten aufweisen,[28] gleichzeitig ihre Eltern aber die höchsten Aspirationen hegen, findet sich für diese Eltern ein insgesamt schwächerer Zusammenhang der beiden Merkmale als bei der Gruppe Einheimischer. Da dies sowohl auf Migranten mit als auch ohne Erfahrung im deutschen Schulsystem zutrifft, kann die Annahme im Sinne der Informationsdefizit-Hypothese nicht eindeutig bestätigt werden. Bei Migranten ohne deutschen Schulbesuch ist jedoch der Einfluss der Schulnoten auf die Bildungsaspirationen am schwächsten, was dafür spricht, dass dieser Gruppe die Bedeutung von Noten für spätere Bildungschancen ihrer Kinder am wenig-sten klar zu sein scheint.

---

27 Die leicht reduzierten Fallzahlen ergeben sich aufgrund von Panelausfällen, da die Variable zum Schulbesuch in Deutschland erst zur dritten Welle erhoben wurde. Die analysierte Stichprobe der nunmehr 342 Migranten setzt sich wie folgt zusammen: Ein Elternteil in Deutschland geboren = 55,0%; beide Eltern im Ausland geboren und mindestens ein Elternteil mit deutschem Schulbesuch = 22,0%; beide Eltern im Ausland geboren und kein Elternteil mit deutschem Schulbesuch = 23,1%.

28 Mittelwerte der rekodierten und standardisierten Durchschnittsnoten: Ein Elternteil in Deutschland geboren = 0,0; beide Eltern im Ausland geboren und mindestens ein Elternteil mit deutschem Schulbesuch = -0,4; beide Eltern im Ausland geboren und kein Elternteil mit deutschem Schulbesuch = -0,4; einheimische Eltern = 0,1 (Unterschiede im Vergleich zu einheimischen Kindern signifikant).

Tabelle 16: Bildungsaspirationen von Eltern mit Migrationshintergrund: Erfahrungen mit dem deutschen Schulsystem

	1	2	3	4	5	6	7
Migrationshintergrund und dt. Schulbesuch (Ref.: beide Eltern in Deutschland geboren)							
Ein Elternteil in Deutschland geboren	0,19*	0,25**	0,16**	0,14	0,20**	0,20**	0,17*
Beide Eltern im Ausland geboren u. mind. ein Elternteil dt. Schulbesuch	0,59**	0,47**	0,57**	0,39**	0,63**	0,54**	0,60**
Beide Eltern im Ausland geboren u. kein Elternteil dt. Schulbesuch	0,64**	0,60**	0,60**	0,40*	0,70**	0,54**	0,64**
Höchster Schulabschluss im Haushalt (Ref.: (Fach-)Abitur)							
Max. Hauptschulabschluss	-0,61**	-0,60**	-0,65**	-0,64**	-0,57**	-0,57**	-0,61**
Realschulabschluss	-0,42**	-0,42**	-0,44**	-0,44**	-0,40**	-0,40**	-0,43**
Bayern (Ref.: Hessen)	-0,24**	-0,24**	-0,25**	-0,25**	-0,25**	-0,25**	-0,26**
Durchschnittsnote (rekodiert, standardisiert)	0,69**	0,74**	0,76**	0,76**	0,67**	0,67**	0,74**
Interaktion: Durchschnittsnote*							
Ein Elternteil in Deutschland geboren		-0,05					
Beide Eltern im Ausland geboren u. mind. ein Elternteil dt. Schulbesuch		-0,36**					
Beide Eltern im Ausland geboren u. kein Elternteil dt. Schulbesuch		-0,52**					
Überschätzen der Deutschnote (Ref.: keine Überschätzung der Deutschnote)			0,55**	0,47**			0,54**
Interaktion: Überschätzen der Deutschnote*							
Ein Elternteil in Deutschland geboren				0,22			

3.3 Determinanten und Entwicklung realistischer Bildungsaspirationen

	M1	M2	M3	M4	M5	M6	M7
Beide Eltern im Ausland geboren u. mind. ein Elternteil dt. Schulbesuch		0,43+					
Beide Eltern im Ausland geboren u. kein Elternteil dt. Schulbesuch		0,67**					
Unterstützungsfähigkeit (Selbsteinschätzung)				0,10**		0,15**	0,08**
Interaktion: Unterstützungsfähigkeit*							
Ein Elternteil in Deutschland geboren					0,08		
Beide Eltern im Ausland geboren u. mind. ein Elternteil dt. Schulbesuch					−0,25**		
Beide Eltern im Ausland geboren u. kein Elternteil dt. Schulbesuch					−0,33**		
Konstante	3,58**	3,57**	3,47**	3,48**	3,56**	3,56**	3,45**
R^2	0,15	0,15	0,15	0,17	0,15	0,16	0,17
ICC	0,02	0,02	0,02	0,02	0,02	0,03	0,02
Intercept Varianz (s.e.)	0,02 (0,01)	0,02 (0,01)	0,01 (0,01)	0,01 (0,01)	0,02 (0,01)	0,02 (0,01)	0,01 (0,01)
Residualvarianz (s.e.)	0,98 (0,03)	0,87 (0,03)	0,85 (0,03)	0,85 (0,03)	0,85 (0,03)	0,87 (0,03)	0,85 (0,03)

Anmerkungen: Quelle: Eigene Berechnungen auf Basis von BiKS-8-14, Welle 2. Für fehlende Informationen bei Bildung, Notendurchschnitt, Einschätzung der Deutschnote kontrolliert. n=1836; n Schulklassen=154. Lineare Regressionsmodelle mit Random Intercept. Angabe der Regressionskoeffizienten. ICC im Nullmodell: 0,08. **signifikant bei p<0,01, *signifikant bei p<0,05, + signifikant bei p<0,1.

Tabelle 17: Bildungsaspirationen von Eltern mit Migrationshintergrund: Relevante Einflussfaktoren spezifisch für die Gruppe türkischer Migranten

	1	2	3	4	5	6	7	8	9
Migrationshintergrund (Ref.: beide Eltern in Deutschland geboren)									
Herkunftsland: Türkei	0,84**	0,60**	1,03**	0,80**	0,78**	0,69**	0,84**	0,69**	0,81**
Andere Herkunftsländer	0,29**	0,22**	0,35**	0,36**	0,24**	0,22**	0,30**	0,30**	0,22**
Höchster Schulabschluss im Haushalt (Ref.: (Fach-)Abitur)									
Max. Hauptschulabschluss	−0,66**	−0,66**	−0,58**	−0,57**	−0,65**	−0,66**	−0,63**	−0,63**	−0,65**
Realschulabschluss	−0,44**	−0,43**	−0,40**	−0,40**	−0,43**	−0,43**	−0,42**	−0,42**	−0,44**
Bayern (Ref.: Hessen)	−0,24**	−0,24**	−0,25**	−0,26**	−0,24**	−0,23**	−0,24**	−0,24**	−0,24**
Durchschnittsnote (rekodiert, standardisiert)	0,75**	0,76**	0,65**	0,65**	0,60**	0,60**	0,67**	0,67**	0,66**
Überschätzen der Deutschnote (Ref.: keine Überschätzung)	0,57**	0,47**							0,50**
Interaktion: Überschätzen der Deutschnote*									
Herkunftsland: Türkei		0,63**							
Andere Herkunftsländer		0,32*							
Unterstützungsfähigkeit (Selbsteinschätzung)			0,12**	0,16**					0,09**
Interaktion: Unterstützungsfähigkeit*									
Herkunftsland: Türkei				−0,22**					
Andere Herkunftsländer				−0,02					

3.3 Determinanten und Entwicklung realistischer Bildungsaspirationen

	M1	M2	M3	M4	M5	M6	M7	M8	M9
Schulfreude (Elternsicht)					0,23**	0,20**			0,19**
Interaktion: Schulfreude*									
Herkunftsland: Türkei						0,43**			
Andere Herkunftsländer						0,10			
Bedeutung hoher Bildung							0,07**	0,05+	0,06**
Interaktion: Bedeutung hoher Bildung*									
Herkunftsland: Türkei								0,24*	
Andere Herkunftsländer								0,03	
Konstante	3,46**	3,47**	3,57**	3,56**	3,62**	3,61**	3,60**	3,60**	3,50**
R^2	0,17	0,17	0,15	0,15	0,16	0,16	0,15	0,15	0,18
ICC	0,02	0,02	0,03	0,03	0,04	0,04	0,02	0,02	0,03
Intercept Varianz (s.e.)	0,02 (0,01)	0,02 (0,01)	0,02 (0,01)	0,02 (0,01)	0,03 (0,01)	0,03 (0,01)	0,02 (0,01)	0,02 (0,01)	0,02 (0,01)
Residualvarianz (s.e.)	0,86 (0,03)	0,85 (0,03)	0,89 (0,03)	0,89 (0,03)	0,85 (0,03)	0,84 (0,03)	0,90 (0,03)	0,90 (0,03)	0,81 (0,03)

Anmerkungen: Quelle: Eigene Berechnungen auf Basis von BiKS-8-14, Welle 2. Für fehlende Informationen bei Bildung, Durchschnittsnoten, Einschätzung der Deutschnoten kontrolliert. n=1901; n Schulklassen=155. Lineare Regressionsmodelle mit Random Intercept. Angabe der Regressionskoeffizienten. ICC im Nullmodell: 0,08. **signifikant bei p<0,01, *signifikant bei p<0,05, + signifikant bei p<0,1.

Mit Bezug auf die Hypothesen 2.3 und 2.4 werden im Folgenden sowohl Ergebnisse aus Tabelle 16 als auch aus Tabelle 17 berichtet. Tabelle 17 gibt dabei all jene Effekte wider, die sich speziell für die türkischen Eltern als bedeutsam erwiesen haben. Der Übersichtlichkeit halber wurden deswegen die anderen Herkunftsgruppen in einer Kategorie zusammengefasst.

Zur Überprüfung von Hypothese 2.3 wird nun berücksichtigt, ob Eltern die Deutschleistung ihres Kindes höher einschätzen, als durch die Zeugnisnote zu erwarten wäre. Der signifikante Haupteffekt des Indikators zeigt für die Gesamtstichprobe, dass eine Überschätzung der Note sich positiv auf die Bildungsaspirationen von Eltern auswirkt (Tabelle 16, Modell 3). Die bivariaten Anteile lassen bereits vermuten, dass dies vor allem für Migranten ohne deutschen Schulbesuch wirksam sein sollte, da sie im Vergleich zu allen anderen Gruppen deutlich stärker dazu tendieren, die Leistungen ihrer Kinder höher einzuschätzen.[29] Modell 4 in Tabelle 16 belegt die Gültigkeit der Hypothese: Insbesondere für die Migrantengruppe ohne eigene Erfahrung mit dem deutschen Schulsystem wirkt sich eine Überschätzung der Deutschnote signifikant positiver auf die Bildungsaspirationen aus als bei einheimischen Eltern.

Auch türkische Migranten tendieren besonders häufig dazu, ihre Kinder in Bezug auf ihre Deutschnote besser einzuschätzen. Zwar lässt sich diese Tendenz auch bei anderen Migrantengruppen feststellen, jedoch in deutlich geringerem Ausmaß.[30] Der Einwand, dieser Zusammenhang könnte vielleicht darüber erklärt werden, dass diese häufig ausschließlich türkische Schulen besucht haben, ist zu verwerfen, denn gerade die türkische Stichprobe weist bei einem doppelten Migrationshintergrund sehr viel häufiger einen deutschen Schulbesuch auf (78,4%) als andere Migrantengruppen (durchschnittlich 35,6%).[31] Die Annahme, dass diese Form der Überschätzung speziell im Zusammenhang mit den hohen Aspirationen türkischer Einwanderer steht, bestätigt sich durch den Interaktionseffekt in Tabelle 17 (Modell 2). Zwar ist auch ein signifikanter Effekt für andere Migranten zu beobachten, allerdings fällt dieser deutlich schwächer aus als für Migranten türkischer Herkunft. Es bleibt festzuhalten, dass es signifikante Hinweise auf die Bedeutung der Informationsdefizit-Hypothese sowohl speziell für Migranten, die das deutsche Schulsystem nicht durchlaufen haben, als auch für türkische Migranten gibt.

---

29 Relative Anteile Überschätzung der Deutschnote: Ein Elternteil in Deutschland geboren = 31,9%; beide Eltern im Ausland geboren und mindestens ein Elternteil mit deutschem Schulbesuch = 34,4%; beide Eltern im Ausland geboren und kein Elternteil mit deutschem Schulbesuch = 42,9%; einheimische Eltern = 22,0%.
30 Relative Anteile Überschätzung der Deutschnote: Türken = 48,8%; andere Migranten = 35,2%.
31 Eine kombinierte Differenzierung nach Schulbesuch und Herkunftsgruppe ist aufgrund zu geringer Fallzahlen in den multivariaten Modellen nicht möglich.

3.3 Determinanten und Entwicklung realistischer Bildungsaspirationen

Zur Überprüfung von Hypothese 2.4 wird der Einfluss des Unterstützungspotenzials, das sich die Eltern jeweils zuschreiben, untersucht. Die deskriptiven Befunde zeigen hinsichtlich dieser Einschätzung deutliche Gruppenunterschiede: Die geringste Fähigkeit, das Kind in schulischen Belangen zu unterstützen, berichten zum einen Migranten, die keine deutsche Schule besucht haben[32] und zum anderen wiederum – mit noch größerer Deutlichkeit – türkische Eltern.[33] Dies steht in Einklang mit der Annahme eines geringeren Einblicks in den Schulalltag des Kindes speziell bei diesen Gruppen. Bei der türkischen Gruppe könnten hierfür die vergleichsweise schlechten Sprachkenntnisse verantwortlich sein, wie es sich in der qualitativen BiKS-Studie angedeutet hat. Multivariat zeigt sich in Tabelle 16 für die Gesamtstichprobe ein signifikant positiver Zusammenhang, d.h., die persönliche Einschätzung, das Kind in schulischen Belangen durchaus unterstützen zu können, wirkt sich insgesamt förderlich auf die Bildungsaspirationen von Eltern aus (Modell 5). Die differenziellen Effekte in Modell 6 verdeutlichen, dass insbesondere für Eltern mit beidseitigem Migrationshintergrund ohne Erfahrungen mit dem deutschen Schulsystem – aber auch in einem etwas geringeren Ausmaß für jene, die das deutsche Schulsystem besucht haben – der Zusammenhang zwischen ihrer Unterstützungsfähigkeit und den Bildungsaspirationen nicht nur schwächer ist, sondern sich der Effekt sogar umkehrt. Das heißt, bei Migranten mit doppeltem Migrationshintergrund geht ein geringeres Unterstützungspotenzial mit höheren Bildungsaspirationen einher. Interessanterweise findet sich ein vergleichbarer negativer Zusammenhang speziell bei türkischen Migranten (Tabelle 17, Modell 4). Hier kann allerdings von einer relativ hohen Überschneidung mit den soeben berichteten Effekten ausgegangen werden, da türkische Eltern sehr viel häufiger einen doppelten Migrationshintergrund aufweisen (zu 67%), als dies bei anderen Herkunftsgruppen der Fall ist (zwischen 38% und ca. 41%). Zusammenfassend scheinen die Ergebnisse zum Unterstützungspotenzial der Eltern eine weitgehende Bestätigung der Informationsdefizit-Hypothese zu bedeuten.

Gemäß der Ergebnisse der qualitativen BiKS-Studie messen türkische Eltern bei der Formation ihrer Bildungsaspirationen der Motivation ihres Kindes eine hohe Bedeutung bei. Diesem sich andeutenden Zusammenhang wird nun auch quantitativ nachgegangen (siehe 3.1). Für die Gesamtstichprobe zeigt sich

---

32 Mittelwerte auf der standardisierten Skala des subjektiven Unterstützungspotenzials: Ein Elternteil in Deutschland geboren = 0,0; beide Eltern im Ausland geboren und mindestens ein Elternteil mit deutschem Schulbesuch = -0,5; beide Eltern im Ausland geboren und kein Elternteil mit deutschem Schulbesuch = -0,7; einheimische Eltern = 0,1 (Unterschiede im Vergleich zu Einheimischen signifikant).

33 Mittelwerte auf der standardisierten Skala des subjektiven Unterstützungspotenzials: Türken = -1,4; andere Migranten = -0,2 (Unterschiede signifikant).

in Tabelle 17 ein signifikant positiver Zusammenhang zwischen den realistischen Aspirationen der Eltern und der von ihnen wahrgenommenen Schulfreude des Kindes (Modell 5). Aus deskriptiver Perspektive gilt für Migranteneltern, dass sie ihren Kindern durchschnittlich mehr Freude an der Schule attestieren als einheimische Eltern; innerhalb der Migrantengruppe sind die Unterschiede jedoch minimal.[34] Durch den Interaktionseffekt in Modell 6 zeigt sich dennoch sehr deutlich, dass dieses Kriterium tatsächlich speziell für die türkische Gruppe entscheidend ist.

Neben der Motivation des Kindes haben Eltern türkischer Herkunft in den qualitativen BiKS-Interviews besonders den Nutzen hoher Bildung für den späteren Arbeitsmarkterfolg betont. Zur quantitativen Überprüfung dieses Arguments (siehe 3.2) wird daher die Skala zur Bedeutung hoher Bildung für den späteren Arbeitsmarkterfolg herangezogen (Tabelle 17, Modell 7), für die sich im Ergebnis ein signifikant positiver Effekt auf die realistischen Bildungsaspirationen der Eltern zeigt. Antizipierter höherer Arbeitsmarktnutzen schlägt sich also insgesamt in höheren Aspirationen nieder. Bereits deskriptiv zeigt sich auf dieser Skala ein deutlich höherer Mittelwert türkischer Migranten im Vergleich zu anderen Migrantengruppen und insbesondere zu einheimischen Deutschen.[35] Tatsächlich bestätigt sich durch den Interaktionsterm in Modell 8, dass die Wahrnehmung der Instrumentalität hoher Bildung für späteren Arbeitsmarktnutzen speziell in der türkischen Gruppe zu deren ambitionierten realistischen Aspirationen beiträgt.

Die Gesamtmodelle in Tabelle 16 (Modell 7) und Tabelle 17 (Modell 9) beinhalten nun alle Haupteffekte der bislang separat analysierten Variablen. Keiner der Indikatoren hat bei gemeinsamer Betrachtung an Signifikanz eingebüßt.

Entwicklung der realistischen Aspirationen

Im Anschluss an die querschnittliche Betrachtung werden nun Entwicklungsverläufe der elterlichen Aspirationen in den Blick genommen. Dabei soll Hypothese 2.5 geprüft werden, die von einer Abnahme der hohen Erwartungen von Eltern mit Migrationshintergrund ausgeht.

---

34 Mittelwerte auf der standardisierten Skala der Schulfreude aus Elternsicht: Türken = 0,2; andere Migranten = 0,3; Einheimische = -0,1 (Unterschiede im Vergleich zu Einheimischen signifikant).
35 Mittelwerte auf der standardisierten Skala der Bedeutung hoher Bildung: Türken = 0,8; andere Migranten = 0,3; Einheimische = -0,1 (Unterschiede signifikant).

3.3 Determinanten und Entwicklung realistischer Bildungsaspirationen

Aufgrund der Panelmortalität in BiKS-8-14 variieren die Fallzahlen mit gültigen Angaben zur realistischen Aspiration Abitur. In Tabelle 18 wird nach Unterscheidung verschiedener Migrantengruppen (Tertiärisierungrad und Erfahrungen mit dem deutschen Schulsystem) aufgezeigt, wie sich diese entwickelt haben.

Tabelle 18: Bildungsaspirationen von Eltern mit Migrationshintergrund: Fallzahlen nach Herkunftsgruppe in den Erhebungswellen 1 bis 4

Realistische Aspiration Abitur: Fallzahlen pro Welle

Herkunftsgruppen	Welle 1 n	Welle 2 n	Welle 3 n	Welle 4 n
Beide Eltern in Deutschland geboren	1559	1515	1414	1278
Migrationshintergrund nach Tertiärisierungsgrad				
Herkunftsland: tertiäre Bildung < Türkei	62	59	48	34
Herkunftsland: Türkei	94	89	67	41
Herkunftsland: tertiäre Bildung > Türkei & < Deutschland	128	120	91	86
Herkunftsland: tertiäre Bildung > Deutschland	139	133	116	107
Zusammengefasste Kategorie				
Andere Herkunftsländer als Türkei	349	330	267	236
Migrationshintergrund und dt. Schulbesuch				
Ein Elternteil in Deutschland geboren	182	181	162	145
Beide Eltern im Ausland geboren u. mind. ein Elternteil dt. Schulbesuch	74	73	73	49
Beide Eltern im Ausland geboren u. kein Elternteil dt. Schulbesuch	75	75	80	55

Anmerkungen: Quelle: Eigene Berechnungen auf Basis von BiKS-8-14, Wellen 1 bis 4.

Während sich für einheimische Eltern eine sehr hohe Panelstabilität zeigt, sind die Ausfälle für Migranten deutlich höher und variieren nach Gruppenzugehörigkeit. Am deutlichsten nimmt die ohnehin kleine Ausgangsstichprobe von Eltern aus Ländern sehr geringen Tertiärisierungsgrad und aus der Türkei ab. Hier verbleiben in Welle 4 nur etwa 55 und 44% des Ausgangssamples. Die relative Konstanz der Fallzahlen bei Unterscheidung der Migranten nach Erfahrung mit dem deutschen Schulsystem ist lediglich ein Datenartefakt, da der Indikator zum Schulbesuch in Deutschland erst zu Welle 3 erhoben wurde. Hier ist zu Welle 4 ebenso ein deutlicher Abfall der verfügbaren Fälle zu verzeichnen.

Die im Folgenden berichteten Ergebnisse sind daher vorsichtig zu interpretieren und sollten anhand größerer Stichproben abgesichert werden.

Abbildungen 1 bis 3 zeigen die linear modellierten Bruttoverläufe der elterlichen Bildungsaspirationen für die verschiedenen Herkunftsgruppen. Abbildung 1 lässt sich entnehmen, dass bei Unterscheidung nach dem Tertiärisierungsgrad die Entwicklungsverläufe recht unterschiedlich ausfallen. Hervorzuheben ist der deutlich negative Trend in der Gruppe von Herkunftsländern sehr niedrigen Tertiärisierungsgrades und insbesondere der türkischen Migranten, die zu Beginn des Beobachtungszeitraums die höchsten Aspirationsniveaus aufgewiesen haben. Für die anderen Herkunftsgruppen sind die Veränderungen während der zwei Jahre minimal; auch für einheimische Eltern ist nur eine schwach negative Entwicklung auszumachen. Mitte der fünften Klasse bewegen sich zwar alle allochthonen Herkunftsgruppen noch auf einem höheren Aspirationsniveau als autochthone Eltern, jedoch liegen die geschätzten Aspirationen der Migranten türkischer Herkunft nun deutlich unterhalb der anderen Migrantengruppen.

Abbildung 1: Bildungsaspirationen von Eltern mit Migrationshintergrund: Entwicklungsverläufe von der dritten bis zur fünften Jahrgangsstufe, Unterscheidung der Herkunftsländer nach dem Tertiärisierungsgrad

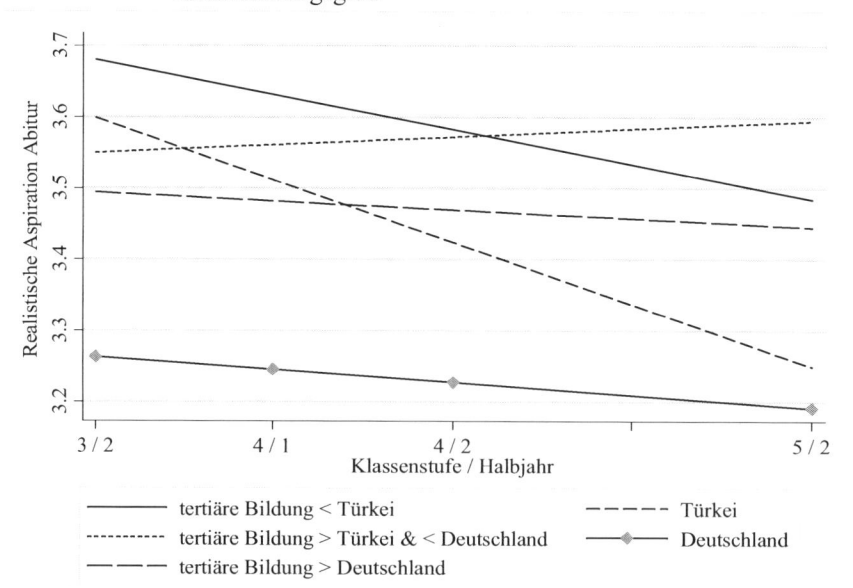

Anmerkungen: Quelle: Eigene Berechnungen auf Basis von BiKS-8-14, Wellen 1 bis 4. n Beobachtungen=6994; n Befragte=1992. Lineares Regressionsmodell mit Random Intercept und Random Slope auf Individualebene. Ohne Kontrolle von Drittvariablen.

3.3 Determinanten und Entwicklung realistischer Bildungsaspirationen

Bei Unterscheidung nach einfachem und doppeltem Migrationshintergrund sowie nach dem Schulbesuch in Deutschland zeigen sich für alle unterschiedenen Gruppen leicht negative Verläufe. Bis Mitte der fünften Klasse bleibt das in den querschnittlichen Analysen identifizierte Muster erhalten. Nach wie vor haben Eltern mit beidseitigem Migrationshintergrund ohne Erfahrung mit dem deutschen Schulsystem die höchsten Bildungsaspirationen.

Abbildung 2: Bildungsaspirationen von Eltern mit Migrationshintergrund: Entwicklungsverläufe von der dritten bis zur fünften Jahrgangsstufe, Unterscheidung nach Migrationshintergrund und Erfahrungen mit dem deutschen Bildungssystem

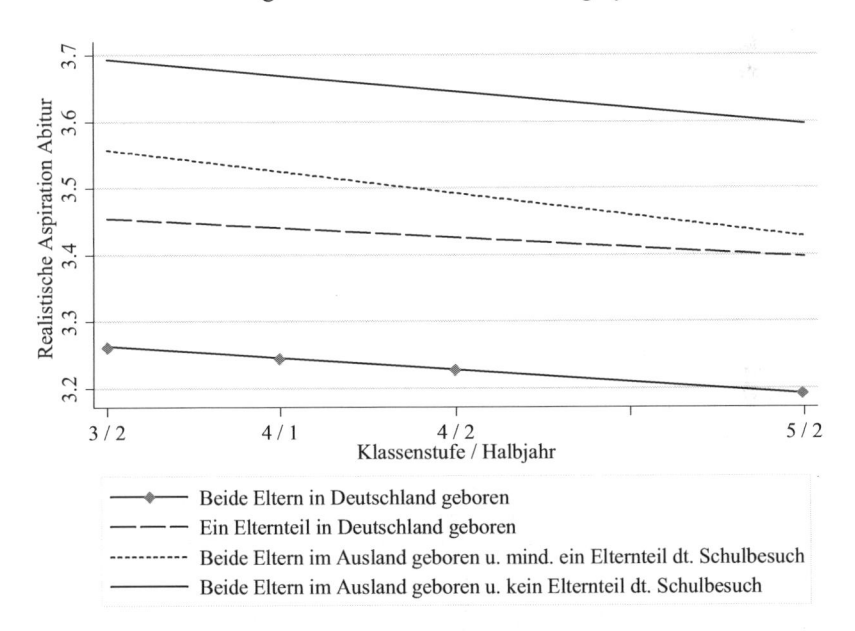

Anmerkungen: Quelle: Eigene Berechnungen auf Basis von BiKS-8-14, Wellen 1 bis 4. n Beobachtungen=6848; n Befragte=1924. Lineares Regressionsmodell mit Random Intercept und Random Slope auf Individualebene. Ohne Kontrolle von Drittvariablen.

Im Vergleich zeigt damit die Gruppe türkischer Migranten die deutlichste Veränderung (vgl. Abbildung 1 und 2). Im Folgenden soll daher nur noch zwischen Migranten türkischer und anderer Herkunft unterschieden werden Die entsprechenden Bruttoverläufe sind ergänzend in Abbildung 3 dargestellt. Diese grafische Darstellung entspricht dabei Modell 1 in Tabelle 19.

Abbildung 3: Bildungsaspirationen von Eltern mit Migrationshintergrund: Entwicklungsverläufe von der dritten bis zur fünften Jahrgangsstufe, Unterscheidung nach türkischem und anderem Migrationshintergrund

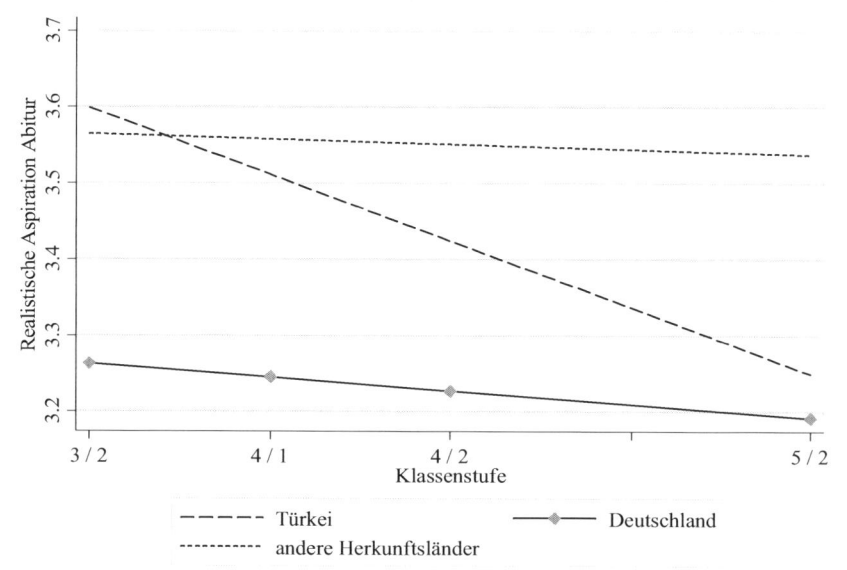

Anmerkungen: Quelle: Eigene Berechnungen auf Basis von BiKS-8-14, Wellen 1 bis 4. n Beobachtungen=7047; n Befragte=2009. Lineares Regressionsmodell mit Random Intercept und Random Slope auf Individualebene. Ohne Kontrolle von Drittvariablen.

Unter Kontrolle des elterlichen Bildungshintergrundes in Modell 2 (Tabelle 19) zeigt sich analog zu den querschnittlichen Modellen die Veränderung des Niveaueffekts bei der türkischen Gruppe. Hinsichtlich differenzieller Entwicklungsverläufe ändert sich das Bild hingegen nicht. Doch bei Hinzunahme der zeitveränderlichen Durchschnittsnoten in Deutsch und Mathematik (Modell 3) verstärkt sich für Migranten türkischer Herkunft nicht nur erwartungsgemäß der positive Niveaueffekt, sondern auch deutlich der negative Verlaufseffekt. Bei gleichen Noten sind die Aspirationen der türkischen Migranten in der Stichprobe also höher, fallen dafür im Zeitverlauf auch etwas stärker ab. Die Berücksichtigung der Noten bewirkt bei der Gruppe einheimischer Eltern eine Umkehrung des Vorzeichens hinsichtlich des Verlaufseffekts: Die vormals leicht negative Entwicklung der Aspirationen zeigt unter Kontrolle der Leistungen nun einen schwach positiven Verlauf. Werden zusätzlich in Modell 4 das Bundesland und die Mitte der vierten Klasse erteilte Übertrittsempfehlung kontrolliert, um die

3.3 Determinanten und Entwicklung realistischer Bildungsaspirationen

unterschiedlichen institutionellen Rahmenbedingungen mit zu berücksichtigen, ändert sich an den Effekten kaum etwas.

Tabelle 19: Bildungsaspirationen von Eltern mit Migrationshintergrund: Entwicklungsverläufe von der dritten bis zur fünften Jahrgangsstufe

	1	2	3	4	5
Zeit (in Jahren)	-0,04**	-0,04**	0,03*	0,03*	-0,13**
Migrationshintergrund (Ref.: beide Eltern in Deutschland geboren)					
Herkunftsland: Türkei	0,34*	0,59**	0,79**	0,74**	0,73**
Andere Herkunftsländer	0,30**	0,24**	0,33**	0,28**	0,30**
Entwicklung nach Migrationshintergrund					
Herkunftsland: Türkei*Zeit	-0,14*	-0,15*	-0,21**	-0,21**	-0,17*
Andere Herkunftsländer*Zeit	0,02	0,02	0,01	0,01	0,00
Höchster Schulabschluss im Haushalt (Ref.: (Fach-)Abitur)					
Max. Hauptschulabschluss		-1,30**	-1,01**	-0,96**	-0,83**
Realschulabschluss		-0,71**	-0,57**	-0,57**	-0,49**
Durchschnittsnote in Deutsch/Mathematik (rekodiert, standardisiert)			0,36**	0,35**	0,38**
Bayern (Ref.: Hessen)				-0,27**	-0,27**
Gymnasialempfehlung (Welle 3) (Ref.: andere Schulformempfehlung)				0,12**	0,32**
Übergang auf das Gymnasium (Welle 4) (Ref.: andere Schulform)					0,56**
Konstante	3,26**	3,78**	3,58**	3,75**	3,73**
ICC	0,77	0,73	0,66	0,65	0,65
Deviance	18370,29	17901,95	17353,07	17289,88	17114,17
Slope Varianz (s.e.)	0,06 (0,01)	0,06 (0,01)	0,05 (0,01)	0,05 (0,01)	0,06 (0,01)
Intercept Varianz (s.e.)	1,21 (0,04)	0,97 (0,03)	0,66 (0,03)	0,65 (0,03)	0,66 (0,03)
Intercept/Slope Kovarianz (s.e.)	-0,07 (0,02)	-0,08 (0,01)	-0,05 (0,01)	-0,05 (0,01)	-0,11 (0,02)
Residualvarianz (s.e.)	0,37 (0,01)	0,37 (0,01)	0,38 (0,01)	0,38 (0,01)	0,39 (0,01)

Anmerkungen: Quelle: Eigene Berechnungen auf Basis von BiKS-8-14, Wellen 1 bis 4. Für fehlende Informationen bei Bildung, Durchschnittsnote und Schulformempfehlung kontrolliert. n Beobachtungen=7047; n Befragte=2009. Lineare Regressionsmodelle mit Random Intercept und Random Slope auf Individualebene. Angabe der Regressionskoeffizienten. ICC im Nullmodell mit Random Intercept: 0,74. **signifikant bei p<0.01, *signifikant bei p<0.05, + signifikant bei p<0.1.

Im letzten Modell soll gezeigt werden, inwiefern der Übertritt in die Sekundarstufe (zwischen Welle 3 und 4) Einfluss auf die Bildungsaspiration nimmt. Wird also mit Blick auf die realistische Erwartung, dass das Kind ein Abitur schaffen wird, berücksichtigt, ob ein Übergang auf das Gymnasium erfolgt ist, so verändern sich die Aspira-tionen der einheimischen Eltern deutlich negativ (Slope-Effekte: 0,03 in Modell 4, -0,13 in Modell 5). Dagegen führt die Hinzunahme der Schulform zu kaum einer Änderung in der Aspirationsentwicklung von türkischen Migranten; der negative Verlaufseffekt wird im Vergleich zu Modell 4 sogar leicht abgeschwächt. In allen Modellen weisen Migranten aus anderen Herkunftsländern als der Türkei zwar durchweg einen signifikant höheren Niveaueffekt der Bildungsaspirationen auf als die Gruppe einheimischer Eltern, in ihren Entwicklungsverläufen unterscheiden sich diese jedoch nicht voneinander.

Zusammenfassend kann damit festgehalten werden: Insbesondere für die Gruppe der türkischen Migranten bestätigt sich die Hypothese, dass die elterlichen Bildungsaspirationen mit dem Näherrücken des Übertritts bzw. dessen Realisierung nach unten revidiert werden. Jedoch bleiben die realistischen Aspirationen türkischer Eltern auch nach Berücksichtigung erklärender Variablen höher als die der einheimischen Eltern. Am deutlichsten zeigt sich dieser Unterschied darüber hinaus nach Kontrolle der Schulleistungen.

3.3.4 Zusammenfassung

Es wurde zum einen der Frage nachgegangen, warum Eltern mit Migrationshintergrund höhere realistische Bildungsaspirationen aufweisen als Einheimische, obwohl ihre Kinder im Durchschnitt vergleichsweise schwächere Schulleistungen zeigen. Zum anderen lag das Forschungsinteresse darauf, ob und inwiefern sich die Bildungsaspirationen autochthoner und allochthoner Eltern im Zeitverlauf entwickeln. Vor diesem Hintergrund wurden die Immigrant Optimism- und die Informationsdefizit-Hypothese untersucht und konkretisiert.

Es stellte sich heraus, dass die Bildungsaspirationen von Migranten nach makrostrukturellen Bedingungen im Herkunftsland deutlich variieren: Besonders hohe realistische Aspirationen weisen diejenigen Eltern auf, die aus Ländern mit erschwertem Bildungszugang stammen, was – im Sinne des Immigrant Optimism – dadurch begründet werden kann, dass schlechtere Bildungschancen im Herkunftsland mit einer erhöhten Erwartung an die Umsetzungsmöglichkeiten von Bildungszielen in Deutschland einhergehen. Zudem konnte die Annahme bestätigt werden, dass sich das individuelle Bildungsniveau bei Migranten weniger stratifizierend auf deren Aspirationen auswirkt als bei einheimischen Eltern. Insbesondere türkische Migranten mit niedrigem Bildungsniveau, die sich vornehmlich in der Arbeiterklasse positioniert haben, weisen sehr hohe Aspirationen auf, was sich dahingehend interpretieren lässt, dass sich gerade diese Gruppe durch Migration bessere Möglichkeiten erhofft, eigene verpasste Bildungs- und Arbeitsmarktchancen über ihre Kinder nachzuholen. Dieser besondere Aufstiegswillen türkischer Migranten wird auch durch den Befund belegt, dass ihre Aspirationen durch eine vergleichsweise hohe Nutzenerwartung von Bildung für den späteren Arbeitsmarkterfolg motiviert werden. Für Eltern türkischer Herkunft erweist sich zudem das Argument der Informationsdefizite als besonders relevant: Sie tendieren sehr stark dazu, die Schulleistungen ihrer Kinder zu überschätzen und sind sich der Bedeutung elterlicher Unterstützung im Bildungsprozess nicht bewusst. Diese Zusammenhänge lassen sich auch für jene Migranten feststellen, die aufgrund fehlender Erfahrungen mit dem deutschen Bildungssystem sehr hohe Aspirationen ausbilden. Zugleich werden auch deshalb die Erfolgschancen ihrer Kinder in Deutschland als besser eingeschätzt, weil die institutionellen Barrieren des Bildungssystems in Form von Schulleistungen in nur sehr geringem Ausmaß wahrgenommen werden, was einen deutlichen Hinweis auf die Relevanz der Informationsdefizit-Hypothese liefert.

Mit dem näher rückenden Übergang weisen insbesondere die Bildungsaspirationen der türkischen Eltern eine deutliche Abnahme auf. Es kann angenommen werden, dass sie sich der Selektionsmechanismen am Übertritt in die Sekundarstufe stärker bewusst werden, so dass sich die wahrgenommenen Erfolgsaussichten im Verlauf der vierten Klasse bzw. nach erfolgter Selektion in die Sekundarschulformen an die der einheimischen Eltern anpassen. Auch für Eltern anderen Migrationshintergrunds zeigt sich diese Negativanpassung der Aspirationen, allerdings im Vergleich zu Eltern türkischer Herkunft nur zu einem deutlich geringeren Grad. Trotz dieser beobachteten Revision der anfangs sehr ambitionierten Aspirationen kommt es – zumindest bis zur fünften Jahrgangsstufe – nicht zu einer vollständigen Angleichung der Aspirationen an die der einheimischen Eltern.

4 Schlussfolgerungen und Diskussion

Die vorliegende Arbeit widmete sich der Bedeutung primärer und sekundärer Effekte am Übergang in das Sekundarschulsystem. Dabei stand in einem ersten Schritt im Vordergrund, ob sich soziale Disparitäten im Verlauf der Bildungsexpansion verändert haben. Dies wurde anhand hessischer Stichproben für die Jahre 1969 und 2007 untersucht. Zusammenfassend lässt sich festhalten, dass primäre Effekte sozialer Herkunft sehr stabil geblieben sind und ihnen eine größere Bedeutung zukommt als sekundären Effekten. Schulleistungen sind also nach wie vor deutlich durch die soziale Herkunft der Kinder beeinflusst – verändert haben sich im Wesentlichen lediglich die relativen Anteile der Schüler/-innen an den sozialen Herkunftsgruppen.

Der Gesamteffekt sozialer Herkunft hat sich im Zeitvergleich abgeschwächt, was auf eine Abnahme sekundärer Effekte zurückgeht. Die Analysen bestätigen Ergebnisse vorangegangener Forschung (Becker 2010c; Klein et al. 2010) und stärken die diesbezüglich bislang schwache Befundlage zum Übergang in die Sekundarstufe.

Damit ist auch die eingangs aufgeworfene Frage beantwortet, ob eher Veränderungen des elterlichen Entscheidungskalküls oder des institutionellen Entscheidungsspielraums die Gewichte von primärem und sekundärem Effekt verlagert haben, ob also die Entscheidungskalküle der Eltern verschiedener sozialer Schichten sich eher angenähert haben oder die Ersetzung der Lehrerempfehlung durch den Elternwunsch als Übergangskriterium eher die Einflusschancen der Eltern höherer sozialer Schichten gesteigert hat. Mit Blick auf die unterschiedlichen Entscheidungskalküle der Eltern sollte der sekundäre Effekt eher abnehmen, mit Blick auf die Folgen veränderter Übergangsregeln eher zunehmen. Der Rückgang des sekundären Effekts kann als Annäherung schichtspezifischer Entscheidungskalküle interpretiert werden. Damit darf davon ausgegangen werden, dass die Verlagerung der Bildungsentscheidung von der Lehrerempfehlung zum Elternwillen den sekundären Effekt nicht verstärkt hat.

Alles in allem gibt die Untersuchung damit zwei optimistische Antworten auf die Frage, was die hessischen Bildungsreformen der letzten Jahrzehnte bewirkt haben. Erstens haben sie durch Leistung nicht legitimierte Unterschiede der Schullaufbahnentscheidung reduziert. Zweitens haben die zur Realisierung der Reformen gewählten institutionellen Regelungen nicht zu neuen soziale Ungleichheiten im Entscheidungsverhalten der Elternhäuser geführt, obwohl man eine solche Entwicklung hätte befürchten können. Nicht bewirkt haben sie allerdings den Ausgleich von Leistungsunterschieden zwischen sozialen Schichten.

Als Beschränkungen der Untersuchung muss hervorgehoben werden, dass die verwendeten Stichproben unterschiedlich gezogen wurden und die Fallzahlen recht gering sind. Zudem wurden die einfließenden Variablen nicht vollständig vergleichbar erhoben, so dass keine gepoolten, sondern lediglich getrennte logistische Regressionsmodelle berechnet werden konnten. Künftige Forschung sollte nach Möglichkeit anhand größerer Stichproben – und für mehr als nur ein Bundesland – die geschilderten Ergebnisse einer weiteren Prüfung unterziehen sowie insbesondere die relative Bedeutung der Herkunftseffekte für Jungen und Mädchen getrennt analysieren, da hier die größten Veränderungen hinsichtlich sekundärer Effekte zu erwarten sind. Als positiv muss abschließend aber auch herausgestellt werden, dass in der vergleichenden Analyse zweier zeitlich so weit auseinanderliegender Erhebungen doch eine große Parallelität in der Verfügbarkeit einer Reihe wichtiger Indikatoren besteht, was in diesem Umfang nicht häufig vorzufinden ist.

In einem zweiten Untersuchungsschritt wurden Familien mit Migrationshintergrund in den Blick genommen. Hier stellte sich die Frage, ob primären und sekundären Effekten eine andere Bedeutung zukommt als in einheimischen Familien. Hinsichtlich primärer Effekte zeigte sich, dass diese bei der Übertrittsentscheidung generell – sowohl bei Migranten als auch bei einheimischen Familien – eine große Rolle spielen. Darüber hinaus fallen die Schulleistungen bei Migrantenkindern innerhalb der unterschiedenen sozialen Herkunftsgruppen jeweils schlechter aus als bei einheimischen Schüler/-innen. Die Ergebnisse unterstreichen also nicht nur die Bedeutung primärer Effekte sozialer Herkunft, sondern liefern auch Hinweise auf primäre Effekte ethnischer Herkunft. Eine explizite Aufklärung solcher migrationsbedingter Leistungsunterschiede sollte weiterhin im Fokus zukünftiger Untersuchungen stehen.

Ein starker Schwerpunkt der vorliegenden Arbeit lag auf den sekundären Effekten: Zum einen zeigte sich, dass sekundäre Effekte der sozialen Herkunft bei Migranten weniger bedeutsam sind. Das heißt, die stratifizierende Wirkung sozial abhängiger Bildungsentscheidungen ist in einheimischen Familien wesentlich deutlicher ausgeprägt als bei Migranten. Zum anderen konnten sogenannte positive sekundäre Effekte ethnischer Herkunft nachgewiesen werden: Bei vergleichbaren sozialen Hintergrundmerkmalen sowie schulischen Leistungen treten Schüler/-innen mit Migrationshintergrund eher auf ein Gymnasium über als einheimische Kinder. Dies ist erwartungsgemäß auf die höheren Bildungsaspirationen von Migranten zurückzuführen.

4 Schlussfolgerungen und Diskussion

In einem weiteren Schritt wurde versucht, die Mechanismen der hohen realistischen Aspirationen von Migranteneltern aufzudecken. In diesem Zusammenhang wurden Argumente der sogenannten Immigrant Optimism-Hypothese und der Bedeutung von Informationsdefiziten bei Eltern mit Migrationshintergrund untersucht.

Der Befund geringerer sekundärer Effekte der sozialen Herkunft spiegelt sich bereits in den der Übertrittsentscheidung zeitlich vorgelagerten Bildungsaspirationen wider: Insbesondere Eltern der Arbeiterklasse und niedrigen Bildungsgrades weisen vergleichsweise hohe realistische Aspirationen auf. Was in einheimischen Familien die Formation ambitionierter Bildungsziele erwartungsgemäß bremst, hat in Migrantenfamilien die gegenteilige Wirkung. Dies lässt sich im Sinne der Immigrant Optimism-Hypothese interpretieren, denn gerade Eltern, die ihre mit der Migration verbundenen Hoffnungen auf sozialen Aufstieg nicht realisieren konnten, übertragen ihre Erwartungen auf die nächste Generation.

Einige der untersuchten Migranteneltern konnten ihren (häufig im Herkunftsland) erreichten Bildungsabschluss in Deutschland nicht in eine angemessene berufliche Positionierung übertragen. Anstelle eines erwarteten sozialen Aufstiegs folgte für einige Migranteneltern die eher ernüchternde Realität einer Platzierung in unqualifizierten Tätigkeiten. Dies trägt jedoch nicht dazu bei, die Aufstiegsmotivation zu mindern – ganz im Gegenteil. In diesem Zusammenhang zeigte sich etwa speziell bei Eltern türkischer Herkunft, dass ihre Aspirationen hinsichtlich des schulischen Erfolgs der Kinder insbesondere an die Nutzenerwartungen auf dem Arbeitsmarkt geknüpft sind. Der besondere Stellenwert hoher Bildung bezieht sich damit stark auf ihren instrumentellen Wert für den sozialen Aufstieg. Gerade bei Erleben struktureller Barrieren im eigenen Bildungserwerb sind die Erwartungen an die Möglichkeiten in Deutschland besonders hoch. Migranten aus Ländern eines geringen Tertiärisierungsgrades, wie auch der Türkei, bringen eine höhere Erwartungshaltung an die Bildungskarriere ihrer Kinder in Deutschland mit als Eltern, die aus Ländern mit besseren Zugangsmöglichkeiten zu hoher Bildung stammen.

Dass Informationsdefizite als verstärkender Faktor dieser besonderen Aufstiegsmotivation wirken, konnte anhand verschiedener Zusammenhänge aufgezeigt werden: Den Schulleistungen kommt eine deutlich geringe Bedeutung in der Formation realistischer Bildungsaspirationen zu. Migranten bilden also, trotz schwacher Leistungen ihrer Kinder sehr ambitionierte Bildungsziele aus. In der Folge äußert sich dies darin, dass Migranten schon bei deutlich schlechteren schulischen Leistungen der Kinder den Übertritt auf das Gymnasium vollziehen.

Es wurde angenommen, fehlende eigene Erfahrung mit dem deutschen Schulsystem trage dazu bei, dass es zu einer Überschätzung der Schulleistungen kommt, welche sich wiederum positiv auf die höheren Aspirationen von Migranten auswirkt. Dieser Zusammenhang kann weitgehend nachgewiesen werden. Allerdings ist zu vermuten, dass hierbei nicht nur die Erfahrung mit dem Schulsystem eine Rolle spielt, sondern auch eine geringere schulische Involviertheit aufgrund sprachlicher Barrieren. Das könnte auch erklären, warum sich dieser Effekt speziell bei türkischen Migranten zeigt, da diese durchschnittlich schlechtere Sprachkenntnisse aufweisen als andere Einwanderergruppen (vgl. z.B. Babka von Gostomski 2010). Es wäre somit besonders interessant, objektive Sprachstandsmessungen bei Eltern mit Migrationshintergrund durchzuführen, um diese Annahmen überprüfen zu können. Auch durch explizite Wissensabfragen könnte getestet werden, ob geringere Kenntnisse des deutschen Berufsbildungssystems und die Orientierung an den türkischen Strukturen dafür verantwortlich sind, dass Migranten türkischer Herkunft systematisch das Abitur anstreben, da das berufliche Bildungssystem in der Türkei nur sehr schwach ausgeprägt ist und höhere Berufspositionen allein über ein Studium erreicht werden können (Kristen et al. 2008).

Wenngleich die Möglichkeiten solcher direkten Messungen mit den vorliegenden Daten nicht zu leisten ist,[36] so verweisen die Befunde zur Selbsteinschätzung des elterlichen Unterstützungspotenzials in die erwartete Richtung: Gaben Migranteneltern an, ihr Kind in schulischen Belangen kaum unterstützen zu können, so waren ihre Bildungsaspirationen besonders ausgeprägt. Dies gilt wiederum speziell für türkische Eltern, aber auch für Migranteneltern ohne eigene Erfahrungen mit dem deutschen Schulsystem. Bei einheimischen Eltern weist dagegen der Effekt eigener Unterstützungsfähigkeit in die gegenteilige Richtung, was im Sinne sekundärer Effekte sozialer Herkunft auch zu erwarten wäre. Denn eine positive Einschätzung der Erfolgswahrscheinlichkeit, dass das eigene Kind einen anspruchsvollen Bildungsweg meistern kann, sollte mit besseren Unterstützungsmöglichkeiten einhergehen, welche in Abhängigkeit von der sozialen Herkunft variieren. Hier zeigt sich damit besonders deutlich, dass die Mechanismen der sekundären Effekte zwischen Migranten und einheimischen Eltern sehr unterschiedlich wirken.

Ein weiterer Zusammenhang, der sich insbesondere für die Gruppe türkischer Migranten als relevant erwies, ist ein stärkerer Einbezug der wahrgenommenen Schulfreude des Kindes. Möglicherweise greifen türkische Eltern eher auf alternative, ihnen besser ersichtliche Indikatoren in der Formation ihrer Bildungsaspirationen zurück als etwa auf objektive Kriterien, wie die erbrachten schulischen Leistungen. Dies kann auch damit in Zusammenhang gebracht wer-

---

36 Zwar wurden in BiKS-8-14 Wissensfragen zum (Berufs-)Schulsystem bei Eltern und ihren Kindern gestellt, allerdings erst zu einem späteren Erhebungszeitpunkt während der Sekundarstufe I.

4 Schlussfolgerungen und Diskussion

den, dass gerade bei türkischen Eltern der antizipierte Schulwunsch des Kindes einen erheblichen Erklärungsbeitrag der positiven sekundären Effekte ethnischer Herkunft bei der Übertrittsentscheidung leistet.

Schließlich wurde untersucht, inwiefern sich die realistischen Aspirationen der Migranteneltern bis kurz nach dem Übertritt in das Sekundarschulsystem verändern. Der generelle Trend ist durch eine Abnahme der hohen Aspirationen von Eltern mit Migrationshintergrund gekennzeichnet. Die Gruppe türkischer Migranten sticht hier wieder besonders hervor: Weisen sie insbesondere nach Berücksichtigung der sozialen Herkunft und der Schulleistungen des Kindes am Ende der dritten Klasse (und, wie querschnittlich gezeigt wurde, auch noch gegen Mitte der vierten Klasse) besonders hohe Aspirationen auf, so kommt es mit Näherrücken und Vollzug des Sekundarschulübertritts zu einer vergleichsweise stärkeren Revision derselben. Wenngleich auch in der fünften Klasse noch etwas höhere Aspirationen der türkischen Migranten nachweisbar sind, so ist die starke Abnahme doch ein deutliches Zeichen dafür, dass eine zunehmende Konfrontation mit den Selektionsmechanismen und Restriktionen des deutschen Schulsystems eine gewisse Desillusionierung zur Folge hat. Die während der Grundschule insbesondere bei der türkischen Gruppe als unrealistisch hoch beschriebenen Aspirationen werden demnach immer realistischer.

Die vorgestellten empirischen Untersuchungen zu Familien mit Migrationshintergrund, sowohl hinsichtlich der Bildungsaspirationen als auch mit Blick auf die Übertrittsentscheidung, sind mit einigen Einschränkungen verbunden. Die kleinen Stichprobengrößen erlauben kaum eine Differenzierung nach dem Herkunftsland; auch eine Unterscheidung nach dem Generationenstatus konnte nicht vorgenommen werden, was eine Überprüfung von Argumenten der intergenerationalen Integration von Migranten ausschließt. Zugleich bewirkte die Panelmortalität eine zunehmende Selektivität hin zu eher erfolgreichen Schüler-/innen und zu Familien höheren Bildungsgrades. Dadurch können die durchgeführten Analysen insofern verzerrt sein, dass soziale Herkunftseffekte möglicherweise unterschätzt werden und zugleich die Bildungsaspirationen von Migranten und deren positive Wirkung auf die Übertrittsentscheidung eher überschätzt werden. Wenngleich dies dazu führt, dass aufgezeigte Ergebnisse nicht in ihren exakten Ausprägungen interpretiert werden können, so sollte dies nichts an den aufgezeigten generellen Trends und Zusammenhängen ändern. Dennoch ist eine Überprüfung der Ergebnisse anhand größerer und differenzierter Migrantenstichproben sehr wünschenswert und notwendig.

Aufgrund der Einschränkungen in den Daten konnten einige in der Literatur diskutierte Hypothesen gerade in Hinblick auf die möglichen Determinanten der hohen Bildungsaspirationen von Migrantenfamilien nicht überprüft werden. Interessant wäre etwa zu untersuchen, ob insbesondere für türkische Migranten die Rolle ethnischer Netzwerke bedeutsam ist (vgl. Argumentation Becker 2010b), da diese sich als größte ethnische Gruppe in Deutschland deutlich stärker auf ihre ethnische Gemeinschaft konzentrieren können (vgl. Haug 2010). Eine ausgeprägte Form ethnischer Schließung sollte zur Orientierung an den im Netzwerk vorherrschenden Normen und Werten beitragen und sich damit prägend auf die Bildungsaspirationen auswirken. Bei dieser Argumentation sollte es jedoch stark auf die Qualität von Netzwerken als Informations- und Unterstützungsressourcen ankommen: Zwar können vorherrschende Normen dazu beitragen, dass an den ambitionierten Aspirationen festgehalten wird, wenn dies jedoch vor dem Hintergrund eines eingeschränkten Zugangs zu bildungsrelevanten Informationen geschieht, könnte das zu einer Überschätzung der Möglichkeiten beitragen. Denkbar wäre also ein durch ethnische Netzwerke verstärkter Einfluss von Informationsdefiziten auf die Aspirationen türkischer Migranten.

Ein weiterer, bislang ungeprüfter Erklärungsansatz für die hohen Aspirationen von Migranten könnte in der Antizipation von Diskriminierung liegen (Becker 2010b). Nach Heath und Brinbaum (2007) stellt die erwartete Diskriminierung beim Eintritt in den Arbeitsmarkt eine mögliche Ursache für die höheren Bildungsaspirationen von Migranten dar. Möglicherweise streben Migranten besonders hohe Bildungsziele für die Kinder an, um den antizipierten zukünftigen Arbeitsmarktnachteil zu kompensieren und den Kindern auf diesem Wege einen gewissen Vorteil zu verschaffen. Denkbar ist auch ein Einfluss aktuell in der Schule wahrgenommener Diskriminierung durch die Lehrkraft, die einerseits dazu führen könnte, dass Eltern dem Urteil des Lehrers/ der Lehrerin weniger Vertrauen schenken und sich deshalb weniger beeinflussen davon lassen. Dies könnte zur Folge haben, dass sie länger an unrealistisch hohen Bildungsaspirationen festhalten. Andererseits könnte auch von dem gegenteiligen Muster ausgegangen werden, denn in der Schule wahrgenommene Diskriminierung könnte desgleichen einen Entmutigungseffekt haben. Interessant wäre in diesem Zusammenhang insbesondere die Analyse von Gruppenunterschieden, da vermutet werden kann, dass Diskriminierung nicht von allen ethnischen Minderheiten gleichermaßen stark wahrgenommen wird, was sich wiederum unterschiedlich auf deren Bildungsaspirationen auswirken sollte.

Trotz aller Einschränkungen sei betont, dass die Analysen der vorliegenden Arbeit insbesondere mit Blick auf die Bildungsaspirationen von Migranten maßgeblich zur Erweiterung der gegenwärtigen Befundlage beitragen. Mit wenigen Ausnahmen (z.B. Gresch 2012) werden in der Literatur lediglich Mechanismen zur Erklärung der ambitionierten Bildungsziele von Migranten diskutiert, jedoch empirisch nicht überprüft. Die Stärken der BiKS-Daten liegen hierbei in der Verfügbarkeit vieler, in die Tiefe gehender Indikatoren zur Erfassung elterlicher Einstellungen und Einschätzungen. So können mit den Ergebnissen der vorlie-

4 Schlussfolgerungen und Diskussion

genden Arbeit neue Perspektiven auf das Thema eröffnet werden, indem Aspekte aufgeworfen und überprüft wurden, über die bislang allenfalls spekuliert wurde. Nicht zuletzt betrifft dies auch die Analyse der Entwicklung von Bildungsaspirationen von Eltern mit Migrationshintergrund, da vergleichbare längsschnittliche Untersuchungen bislang nicht bekannt sind. Dies ist sicherlich auch darauf zurückzuführen, dass Datensätze, die solch ein längsschnittliches Analysepotenzial bieten wie die BiKS-Studie, sehr rar sind.

Für die Praxis sei noch einmal betont, dass die Umsetzung der ambitionierten Bildungsziele von Migranten in erster Linie durch die schlechtere schulische Performanz verhindert wird. Dies impliziert deutlich, dass politische Interventionen auf die Frühförderung von Migrantenkindern gerichtet sein müssen, um sowohl sozial bedingte als auch migrationsspezifische primäre Effekte auszugleichen. Wie das Beispiel Schwedens zeigt (Erikson und Rudolphi 2010), liegt eine Verringerung von Leistungsdisparitäten nicht ganz außerhalb des Einflussbereichs der Bildungspolitik. Eine quantitative und qualitative Stärkung des Vorschulbereichs sollte hierbei nicht nur für Kinder mit Migrationshintergrund, sondern genauso auch für autochthone Kinder aus schwachen sozialen Verhältnissen als Mittel gegen ungleiche Startvoraussetzungen im Schulsystem zentral sein.

Wesentlich nachdrücklicher als bei zugewanderten Eltern müssen gerade bei sozial benachteiligten einheimischen Familien Maßnahmen zur Reduktion sekundärer Effekte erfolgen. Das erfreuliche Ergebnis langfristig abnehmender sekundärer Effekte soll nicht darüber hinwegtäuschen, dass diese nach wie vor eine große Rolle in der Zuweisung von Bildungschancen spielen und es wohl eher zu einer Verschiebung deren Wirkung auf spätere Bildungsentscheidungen im Lebensverlauf gekommen ist (Schindler und Lörz 2011). Indem wiederholt gezeigt werden konnte, dass bereits vor dem Übertritt die Bildungsaspirationen einheimischer Eltern (auch nach Berücksichtigung der Schulleistungen) deutlich entlang ihres sozialen Hintergrunds stratifiziert sind, sollte verstärkt Aufklärungsarbeit in diesen Familien stattfinden, um Hemmschwellen abzubauen, für das eigene Kind höhere Bildungswege als den eigens Beschrittenen anzustreben. Für bildungsferne Eltern muss begründete Hoffnung bestehen, dass das Kind auch ohne ihre Hilfe etwa ein Gymnasium durchlaufen kann. Um diese Botschaft vermitteln zu können, sind die Bildungsinstitutionen gefordert. Eine Ausweitung von Ganztagsschulen in der Sekundarstufe sollte hier ein erfolgversprechendes Signal an die Eltern sein.

Literaturverzeichnis

Alba, Richard D./Handl, Johann/Müller, Walter (1994): Ethnische Ungleichheit im deutschen Bildungssystem. In: Kölner Zeitschrift für Soziologie und Sozialpsychologie 46. 209-237

Allmendinger, Jutta/Ebner, Christian/Nikolai, Rita (2009): Soziologische Bildungsforschung. In: Tippelt, Rudolf/Schmidt Bernhard (Hrsg.): Handbuch Bildungsforschung. Wiesbaden: VS Verlag für Sozialwissenschaften. 47-70

Anger, Hans/Bargmann, Rolf/Hylla, Erich (1965): Wortschatztest WST 5-6. Frankfurt a.M.: Deutsches Institut für Internationale Pädagogische Forschung

Autorengruppe Bildungsberichterstattung (2010): Bildung in Deutschland 2010. Ein indikatorengestützter Bericht mit einer Analyse zu Perspektiven des Bildungswesens im demografischen Wandel. Bielefeld: W. Bertelsmann Verlag

Babka von Gostomski, Christian (2010): Fortschritte der Integration. Zur Situation der fünf größten in Deutschland lebenden Ausländergruppen. Forschungsbericht 8. Im Auftrag des Bundesministeriums des Innern. Nürnberg: Bundesamt für Migration und Flüchtlinge

Bachman, Jerald G./O'Malley, Patrick M. (1984): Black-White Differences in Self-Esteem: Are They Affected by Response Styles? In: The American Journal of Sociology 90. 624-639

Bauder, Harald (2006): Labor Movement. How Migration Regulates Labor Markets. Oxford: Oxford University Press

Baumert, Jürgen/Becker, Michael/Neumann, Marko/Nikolova, Roumiana (2009): Frühübergang in ein grundständiges Gymnasium – Übergang in ein privilegiertes Entwicklungsmilieu? Ein Vergleich von Regressionsanalyse und Propensity Score Matching. In: Zeitschrift für Erziehungswissenschaft 12. 189-215

Baumert, Jürgen/Schümer, Gunde (2002): Familiäre Lebensverhältnisse, Bildungsbeteiligung und Kompetenzerwerb im nationalen Vergleich. In: Deutsches PISA-Konsortium (Hrsg.): Basiskompetenzen von Schülerinnen und Schülern im internationalen Vergleich. Opladen: Leske + Budrich. 159-202

Beal, Sarah J./Crockett, Lisa J. (2010): Adolescents' Occupational and Educational Aspirations and Expectations: Links to High School Activities and Adult Educational Attainment. In: Developmental Psychology 46. 258-265

Becker, Birgit (2006): Der Einfluss des Kindergartens als Kontext zum Erwerb der deutschen Sprache bei Migrantenkindern. In: Zeitschrift für Soziologie 35. 449-464

Becker, Birgit (2010a): Wer profitiert mehr vom Kindergarten? Die Wirkung der Kindergartenbesuchsdauer und Ausstattungsqualität auf die Entwicklung des deutschen Wortschatzes bei deutschen und türkischen Kindern. In: Kölner Zeitschrift für Soziologie und Sozialpsychologie 62. 139-163

Becker, Birgit (2010b): Bildungsaspirationen von Migranten – Determinanten und Umsetzung in Bildungsergebnisse. Mannheim: Mannheimer Zentrum für Europäische Sozialforschung

Becker, Birgit/Biedinger, Nicole (2006): Ethnische Bildungsungleichheit zu Schulbeginn. In: Kölner Zeitschrift für Soziologie und Sozialpsychologie 58. 660-684

Becker, Rolf (2006): Dauerhafte Bildungsungleichheiten als unerwartete Folge der Bildungsexpansion? In: Hadjar, Andreas/Becker, Rolf (Hrsg.): Die Bildungsexpansion – erwartete und unerwartete Folgen. Wiesbaden: VS Verlag für Sozialwissenschaften. 27-61

Becker, Rolf (2009): Wie können „bildungsferne" Gruppen für ein Hochschulstudium gewonnen werden? Eine empirische Simulation mit Implikationen für die Steuerung des Bildungswesens. In: Kölner Zeitschrift für Soziologie und Sozialpsychologie 61. 563-593

Becker, Rolf (2010c): Soziale Ungleichheit von Bildungschancen und Chancengerechtigkeit – eine Reanalyse mit bildungspolitischen Implikationen. In: Becker, Rolf/Lauterbach, Wolfgang (Hrsg.): Bildung als Privileg. Erklärungen und Befunde zu den Ursachen der Bildungsungleichheit. Wiesbaden: VS Verlag für Sozialwissenschaften. 161-189

Becker, Rolf (2012): Sozialer Wandel der Geschlechterdisparitäten von Bildungschancen in der Bundesrepublik Deutschland. Unveröffentlichtes Manuskript, eingereicht bei Kölner Zeitschrift für Soziologie und Sozialpsychologie

Becker, Rolf/Lauterbach, Wolfgang (2010): Bildung als Privileg – Ursachen, Mechanismen, Prozesse und Wirkungen. In: Becker, Rolf/Lauterbach, Wolfgang (Hrsg.): Bildung als Privileg. Erklärungen und Befunde zu den Ursachen der Bildungsungleichheit. Wiesbaden: VS Verlag für Sozialwissenschaften. 11-49

Becker, Rolf/Müller, Walter (2011): Bildungsungleichheiten nach Geschlecht und Herkunft im Wandel. In: Hadjar, Andreas (Hrsg.): Geschlechtsspezifische Bildungsungleichheiten. Wiesbaden: VS Verlag für Sozialwissenschaften. 55-75

Becker, Rolf/Schubert, Frank (2011): Die Rolle von primären und sekundären Herkunftseffekten für Bildungschancen von Migranten im deutschen Schulsystem In: Becker, Rolf (Hrsg.): Integration durch Bildung. Bildungserwerb von jungen Migranten in Deutschland. Wiesbaden: VS Verlag für Sozialwissenschaften. 161-194

Behnke, Andrew O./Piercy, Kathleen W./Diversi, Marcelo (2004): Educational and Occupational Aspirations of Latino Youth and Their Parents. In: Hispanic Journal of Behavioral Sciences 26. 16-35

Behr, Andreas/Bellgardt, Egon/Rendtel, Ulrich (2005): Extent and Determinants of Panel Attrition in the European Community Household Panel. In: European Sociological Review 21. 489-512

Biedinger, Nicole/Becker, Birgit/Rohling, Inge (2008): Early Ethnic Educational Inequality: The Influence of Duration of Preschool Attendance and Social Composition. In: European Sociological Review 24. 243-256

Blau, Peter M./Duncan, Otis D. (1967): The American Occupational Structure. New York: Wiley

Blossfeld, Hans-Peter (1988): Sensible Phasen im Bildungsverlauf. Eine Längsschnittanalyse über die Prägung von Bildungskarrieren durch den gesellschaftlichen Wandel. In: Zeitschrift für Pädagogik 34. 45-63

Blossfeld, Hans-Peter/Shavit, Yossi (1993): Dauerhafte Ungleichheiten. Zur Veränderung des Einflusses der sozialen Herkunft auf die Bildungschancen in dreizehn industrialisierten Ländern. In: Zeitschrift für Pädagogik 39. 25-52

Bohon, Stephanie A./Kirkpatrick Johnson, Monica/Gorman, Bridget K. (2003): Educational Expectations and Aspirations among Latino Adolescents. Beitrag für Annual Meeting of the American Sociological Association, 16. August 2003. Hilton Hotel, Atlanta

Boos-Nünning, Ursula (1989): Berufswahl türkischer Jugendlicher. Entwicklung einer Konzeption für die Berufsberatung. Beiträge zur Arbeitsmarkt- und Berufsforschung. Nürnberg: Institut für Arbeitsmarkt- und Berufsforschung

Bos, Wilfried/Schwippert, Knut/Stubbe, Tobias C. (2007): Die Kopplung von sozialer Herkunft und Schülerleistung im internationalen Vergleich. In: Bos, Willfried/Hornberg, Sabine/Arnold, Karl-Heinz/Faust, Gabriele/Fried, Liliana/Lankers, Eva-Maria/Schwippert, Knut/Valtin, Renate (Hrsg.): IGLU 2006. Lesekompetenzen von Grundschulkindern in Deutschland im internationalen Vergleich. Münster: Waxmann. 225-247

Boudon, Raymond (1974): Education, Opportunity, and Social Inequality. Changing Prospects in Western Society. New York/London/Sydney/Toronto: John Wiley & Sons

Bowden, Mark/Doughney, James (2009): Socio-economic status, cultural diversity and the aspirations of secondary students in the Western Suburbs of Melbourne, Australia. In: Higher Education 59. 115-129

Breen, Richard/Goldthorpe, John H. (1997): Explaining Educational Differentials. Towards a Formal Rational Action Theory. In: Rationality and Society 9. 275-305

Büchner, Peter/Koch, Katja (2002): Von der Grundschule in die Sekundarstufe. Übergangsprozesseaus der Sicht von SchülerInnen und Eltern. In: Die Deutsche Schule 94. 234-246

Buis, Maarten L. (2010): Direct and indirect effects in a logit model. In: The Stata Journal 10. 11-29

Bygren, Magnus/Szulkin, Ryszard (2010): Ethnic Environment During Childhood and the Educational Attainment of Immigrant Children in Sweden. In: Social Forces 88. 1305-1329

Connor, Helen/Tyers, Claire/Modood, Tariq/Hillage, Jim (2004): Why the Difference? A Closer Look at Higher Education Minority Ethnic Students and Graduates. Nottingham: Department for Education and Skills

Dahrendorf, Ralf (1965): Bildung ist Bürgerrecht. Plädoyer für eine aktive Bildungspolitik. Hamburg: Rowohlt

Delgado-Gaitan, Concha (1992): School Matters in the Mexican-American Home: Socializing Children to Education. In: American Educational Research Journal 29. 495-513

Deutsches PISA-Konsortium (Hrsg.) (2001): PISA 2000. Basiskompetenzen von Schülerinnen und Schülern im internationalen Vergleich. Opladen: Leske + Budrich

Ditton, Hartmut (Hrsg.) (2007): Kompetenzaufbau und Laufbahnen im Schulsystem. Eine Längsschnittuntersuchung an Grundschulen. Münster: Waxmann

Ditton, Hartmut/Krüsken, Jan/Schauenberg, Magdalena (2005): Bildungsungleichheit – der Beitrag von Familie und Schule. In: Zeitschrift für Erziehungswissenschaft 8. 285-304

Dollmann, Jörg (2010): Türkischstämmige Kinder am ersten Bildungsübergang. Primäre und sekundäre Herkunftseffekte. Wiesbaden: VS Verlag

Dollmann, Jörg (2011): Verbindliche und unverbindliche Grundschulempfehlungen und soziale Ungleichheiten am ersten Bildungsübergang. In: Kölner Zeitschrift für Soziologie und Sozialpsychologie 64. 431-457

Dörger, Ursula (2007): Daten und Schwerpunkte der hessischen Gesamtschulgeschichte. Wiesbaden: Hessisches Kultusministerium

Dubowy, Minja/Ebert, Susanne/von Maurice, Jutta/Weinert, Sabine (2008): Sprachlich-kognitive Kompetenzen beim Eintritt in den Kindergarten. Ein Vergleich von Kindern mit und ohne Migrationshintergrund. In: Zeitschrift für Entwicklungspsychologie und Pädagogische Psychologie 40. 124-134

Erikson, Robert/Goldthorpe, John H./Jackson, Michelle/Yaish, Meir/Cox, David R. (2005): On class differentials in educational attainment. In: PNAS 102. 9730-9733

Erikson, Robert/Goldthorpe, John H./Portocarero, Lucienne (1979): Intergenerational Class Mobility in Three Western European Societies: England, France and Sweden. In: British Journal of Sociology 30. 415-441

Erikson, Robert/Jonsson, Jan O. (1996): Explaining Class Inequality in Education: The Swedish Test Case. In: Erikson, Robert/Jonsson, Jan O. (Hrsg.): Can Education Be Equalized? – The Swedish Test Case in Comparative Perspective. Boulder/Oxford: Westview Press. 1-63

Erikson, Robert/Rudolphi, Frida (2010): Change in social selection to upper secondary school – primary and secondary effects in Sweden. In: European Sociological Review 26. 291-305

Esser, Hartmut (1999): Soziologie – Spezielle Grundlagen. Band 1: Situationslogik und Handeln. Frankfurt a. M.: Campus Verlag

Esser, Hartmut (2000): Soziologie. Spezielle Grundlagen. Band 2: Die Konstruktion der Gesellschaft. Frankfurt a. M.: Campus

Esser, Hartmut (2006): Sprache und Integration: Die sozialen Bedingungen und Folgen des Spracherwerbs von Migranten. Frankfurt a.M./New York: Campus Verlag

Esser, Hartmut (2011): Ethnische Bildungsungleichheit. Konzeptionelle und theoretische Grundlagen. Expertise für die Stellungnahme „Ethnische Bildungsungleichheit" der Nationalen Akademie der Wissenschaften/Leopoldina. Mannheim

Feliciano, Cynthia (2006): Beyond the Family: The Influence of Premigration Group Status on the Educational Expectations of Immigrants' Children. In: Sociology of Education 79. 281-303

Fend, Helmut (2008): Schule gestalten: Systemsteuerung, Schulentwicklung und Unterrichtsqualität. Wiesbaden: VS Verlag für Sozialwissenschaften

Fergusson, David M./Horwood, L. John/Boden, Joseph M. (2008): The transmission of social inequality: Examination of the linkages between family socioeconomic status in childhood and educational achievement in young adulthood. In: Research in Social Stratification and Mobility 26. 277-295

Feskens, Remco/Hox, Joop/Lensvelt-Mulders, Gerty/Schmeets, Hans (2007): Nonresponse Among Ethnic Minorities: A Multivariate Analysis. In: Journal of Official Statistics 23. 387-408

Geißler, Rainer (2006): Ethnische Minderheiten. In: Geißler, Rainer (Hrsg.): Die Sozialstruktur Deutschlands. Wiesbaden: VS Verlang für Sozialwissenschaften. 230-254

Glick, Jennifer E./White, Michael J. (2004): Post-secondary school participation of immigrant and native youth: the role of familial resources and educational expectations. In: Social Science Research 33. 272-299

Goldberg, Andreas/Halm, Dirk/Şen, Faruk (2004): Die deutschen Türken. Münster: Lit Verlag.

Goldenberg, Claude/Gallimore, Ronald/Reese, Leslie/Garnier, Helen (2001): Cause or Effect? A Longitudinal Study of Immigrant Latino Parents' Aspirations and Expectations, and Their Children's School Performance. In: American Educational Research Journal 38. 547-582

Goyette, Kimberly/Xie, Yu (1999): Educational Expectations of Asian American Youths: Determinants and Ethnic Differences. In: Sociology of Education 72. 22-36

Gresch, Cornelia (2012): Der Übergang in die Sekundarstufe I. Leistungsbeurteilung, Bildungsaspiration und rechtlicher Kontext bei Kindern mit Migrationshintergrund. Wiesbaden: VS Verlag für Sozialwissenschaften

Gresch, Cornelia/Baumert, Jürgen/Maaz, Kai (2010): Empfehlungsstatus, Übergangsempfehlung und der Wechsel in die Sekundarstufe I: Bildungsentscheidungen und soziale Ungleichheit. In: Maaz, Kai/Baumert, Jürgen/Gresch, Cornelia/McElvany, Nele (Hrsg.): Der Übergang von der Grundschule in die weiterführende Schule. Leistungsgerechtigkeit und regionale, soziale und ethnisch-kulturelle Disparitäten. Berlin: Bundesministerium für Bildung und Forschung. 201-227

Gresch, Cornelia/Becker, Michael (2010): Sozial- und leistungsbedingte Disparitäten im Übergangsverhalten bei türkischstämmigen Kindern und Kindern aus (Spät-) Aussiedlerfamilien. In: Maaz, Kai/Baumert, Jürgen/Gresch, Cornelia/McElvany, Nele (Hrsg.): Der Übergang von der Grundschule in die weiterführende Schule. Leistungsgerechtigkeit und regionale, soziale und ethnisch-kulturelle Disparitäten. Berlin: Bundesministerium für Bildung und Forschung. 181-200

Haller, Archibald O. (1968): On the Concept of Aspiration. In: Rural Sociology 33. 484-487

Haug, Sonja (2010): Interethnische Kontakte, Freundschaften, Partnerschaften und Ehen von Migranten in Deutschland. Integrationsreport. Nürnberg: Bundesamt für Migration und Flüchtlinge

Heath, Anthony/Brinbaum, Yael (2007): Explaining Ethnic Inequalities in Educational Attainment. In: Ethnicities 7. 291-304

Helbig, Marcel (2010): Neighborhood does matter! Soziostrukturelle Nachbarschaftscharakteristika und Bildungserfolg. In: Kölner Zeitschrift für Soziologie und Sozialpsychologie 62. 655-679

Henderson, Ronald W. (1997): Educational and Occupational Aspirations and Expectations Among Parents of Middle School Students of Mexican Descent: Family Resources for Academic Development and Mathematics Learning. In: Taylor, Ronald D./Wang, Margaret C. (Hrsg.): Social and Emotional Adjustment and Family Relations in Ethnic Minority Families. Mahwah, New Jersey: Lawrence Erlbaum Associates Publishers. 99-131

Henz, Ursula/Maas, Ineke (1995): Chancengleichheit durch Bildungsexpansion? In: Kölner Zeitschrift für Soziologie und Sozialpsychologie 47. 605-633

Hossler, Don/Stage, Frances K. (1992): Family and High School Experience Influences on the Postsecondary Educational Plans of Ninth-Grade Students. In: American Educational Research Journal 29. 425-451

Jackson, Michelle/Erikson, Robert/Goldthorpe, John H./Yaish, Mair (2007): Primary and Secondary Effects in Class Differentials in Educational Attainment. In: Acta Sociologica 50. 211-229

Kalter, Frank (2005): Ethnische Ungleichheit auf dem Arbeitsmarkt. In: Abraham, Martin/Hinz, Thomas (Hrsg.): Soziologische Forschung: Stand und Perspektiven. Ein Handbuch. Opladen: Leske + Budrich. 323-337

Kalter, Frank/Granato, Nadia/Kristen, Cornelia (2011): Die strukturelle Assimilation der zweiten Migrantengeneration in Deutschland: Eine Zerlegung gegenwärtiger Trends. In: Becker, Rolf (Hrsg.): Integration durch Bildung. Wiesbaden: VS Verlag für Sozialwissenschaften. 275-289

Kao, Grace/Tienda, Marta (1995): Optimism and Achievement: The Educational Performance of Immigrant Youth. In: Social Science Quarterly 76. 1-19

Kao, Grace/Tienda, Marta (1998): Educational Aspirations of Minority Youth. In: American Journal of Education 106. 349-384

Kiyama, Judy M. (2010): College Aspirations and Limitations: The Role of Educational Ideologies and Funds of Knowledge in Mexican American Families. In: American Educational Research Journal 47. 330-356

Klein, Markus/Schindler, Steffen/Pollak, Reinhard/Müller, Walter (2010): Soziale Disparitäten in der Sekundarstufe und ihre langfristige Entwicklung. In: Zeitschrift für Erziehungswissenschaft 12. 47-73

Kleine, Lydia/Birnbaum, Nicole/Zielonka, Markus/Doll, Jörg/Blossfeld, Hans-Peter (2010): Auswirkungen institutioneller Rahmenbedingungen auf das Bildungsstreben der Eltern und die Bedeutung der Lehrerempfehlung. In: Journal for Educational Research Online 1. 72-93

Kloosterman, Rianne/Ruiter, Stijn/De Graaf, Paul M./Kraaykamp, Gerbert (2009): Parental education, children's performance and the transition to higher secondary education: trends in primary and secondary effects over five Dutch school cohorts (1965–99). In: British Journal of Sociology 60. 377-398

Kratzmann, Jens/Schneider, Thorsten (2008): Verbessert der Besuch des Kindergartens die Startchancen von Kindern aus sozial schwachen Familien im Schulsystem? Eine Untersuchung auf Basis des SOEP. In: Ramseger, Jörg/Wagener, Matthea (Hrsg.): Chancenungleichheit in der Grundschule. Ursachen und Wege aus der Krise. Wiesbaden: VS Verlag für Sozialwissenschaften. 295-298

Kratzmann, Jens/Schneider, Thorsten (2009): Soziale Ungleichheiten beim Schulstart. Empirische Untersuchungen zur Bedeutung der sozialen Herkunft und des Kindergartenbesuchs auf den Zeitpunkt der Einschulung. In: Kölner Zeitschrift für Soziologie und Sozialpsychologie 61. 211-234

Kristen, Cornelia (2006): Ethnische Diskriminierung in der Grundschule? Die Vergabe von Noten und Bildungsempfehlungen. In: Kölner Zeitschrift für Soziologie und Sozialpsychologie 58. 79-97

Kristen, Cornelia (2008): Schulische Leistungen von Kindern aus türkischen Familien am Ende der Grundschulzeit. In: Kölner Zeitschrift für Soziologie und Sozialpsychologie Sonderheft 48. 230-251

Kristen, Cornelia/Dollmann, Jörg (2009): Sekundäre Effekte der ethnischen Herkunft? Kinder aus türkischen Familien am ersten Bildungsübergang. In: Zeitschrift für Erziehungswissenschaft Sonderheft 12. 205-229

Kristen, Cornelia/Dollmann, Jörg (2012): Migration und Schulerfolg: Zur Erklärung ungleicher Bildungsmuster. In: Matzner, Michael (Hrsg.): Handbuch Migration und Bildung. Weinheim/Basel: Beltz Verlag. 102-117

Kristen, Cornelia/Reimer, David/Kogan, Irena (2008): Higher Education Entry of Turkish Immigrant Youth in Germany. In: International Journal of Comparative Sociology 49. 127-151

Kroneberg, Clemens (2008): Ethnic Communities and School Performance among the New Second Generation in the United States: Testing the Theory of Segmented Assimilation. In: The Annals of the American Academy of Political and Social Science 620. 138-160

Kurz, Karin/Paulus, Wiebke (2008): Übergänge im Grundschulalter. Die Formation elterlicher Bildungsaspirationen. In: Rehberg, Karl-Siegbert (Hrsg.): Die Natur der Gesellschaft. Verhandlungen des 33. Kongresses der Deutschen Gesellschaft für Soziologie in Kassel 2006. Frankfurt a.M.: Campus Verlag. 5489-5503

Leenen, Wolf/Grosch, Harald/Kreidt, Ulrich (1990): Bildungsverständnis, Plazierungsverhalten und Generationenkonflikt in türkischen Migrantenfamilien. Ergebnisse qualitativer Interviews mit „bildungserfolgreichen" Migranten der Zweiten Generation. In: Zeitschrift für Pädagogik 36. 753-771

Lehmann, Rainer/Lenkeit, Jenny (2008): ELEMENT. Erhebung zum Lese- und Mathematikverständnis. Entwicklungen in den Jahrgangsstufen 4 bis 6 in Berlin. Abschlussbericht über die Untersuchungen 2003, 2004 und 2005 an Berliner Grundschulen und Gymnasien. Berlin: Humboldt-Universität

Levels, Mark/Dronkers, Jaap/Kraaykamp, Gerbert (2008): Immigrant Children's Educational Achievement in Western Countries: Origin, Destination, and Community Effects on Mathematical Performance. In: American Sociological Review 73. 835-853

Lewin, Kurt (1935): A Dynamic Theory of Personality. Selected Papers. New York/London: McGraw-Hill

Maaz, Kai/Nagy, Gabriel (2010): Der Übergang von der Grundschule in die weiterführenden Schulen des Sekundarschulsystems: Definition, Spezifikation und Quantifizierung primärer und sekundärer Herkunftseffekte. In: Maaz, Kai/Baumert, Jürgen/Gresch, Cornelia/McElvany, Nele (Hrsg.): Der Übergang von der Grundschule in die weiterführende Schule. Leistungsgerechtigkeit und regionale, soziale und ethnisch-kulturelle Disparitäten. Berlin: Bundesministerium für Bildung und Forschung. 151-180

Marin, Gerardo/Gamba, Raymond J./Marin, Barbara V. (1992): Extreme Response Style and Acquiescence among Hispanics. In: Journal of Cross-Cultural Psychology 23. 498-509

Mayer, Karl Ulrich/Müller, Walter/Pollak, Reinhard (2007): Germany: institutional change and inequalities of access in higher education. In: Shavit, Yossi/Arum, Richard/Gamoran, Adam (Hrsg.): Stratification in Higher Education. Stanford: Stanford University Press. 240-265

Merkens, Hans/Wessel, Anne/Dohle, Karen/Classen, Gabriele (1997): Einflüsse des Elternhauses auf die Schulwahl der Kinder in Berlin und Brandenburg. In: Tenorth, Heinz-Elmar (Hrsg.): Kindheit, Jugend und Bildungsarbeit im Wandel. Ergebnisse der Transformationsforschung, Beiheft der Zeitschrift für Pädagogik 37. Weinheim: Beltz. 255-275

Meulemann, Heiner (1985): Bildung und Lebensplanung. Die Sozialbeziehung zwischen Elternhaus und Schule. Frankfurt a.M./New York: Campus Verlag

Meulemann, Heiner (1995): Gleichheit und Leistung nach der Bildungsexpansion. In: Reuband, Karl-Heinz/Pappi, Franz Urban/Best, Heinrich (Hrsg.): Die deutsche Gesellschaft in vergleichender Perspektive. Festschrift für Erwin Scheuch. Opladen: Westdeutscher Verlag. 207-221

Müller-Benedict, Volker (2007): Wodurch kann die soziale Ungleichheit des Schulerfolgs am stärksten verringert werden? In: Kölner Zeitschrift für Soziologie und Sozialpsychologie 46. 1-43.

Müller, Walter/Haun, Dietmar (1994): Bildungsungleichheit im sozialen Wandel. In: Kölner Zeitschrift für Soziologie und Sozialpsychologie Sonderdruck. 1-42

Müller, Walter/Lüttinger, Paul/König, Wolfgang/Karle, Wolfgang (1989): Class and Education in Industrial Nations. In: Journal of Sociology 19. 3-39

Müller, Andrea/Stanat, Petra (2006): Schulischer Erfolg von Schülerinnen und Schülern mit Migrationshintergrund: Analysen zur Situation von Zuwanderern aus der ehemaligen Sowjetunion und aus der Türkei. In: Baumert, Jürgen/Stanat, Petra/Watermann, Rainer (Hrsg.): Herkunftsbedingte Disparitäten im Bildungswesen. Vertiefende Analysen im Rahmen von PISA 2000. Wiesbaden: VS Verlag für Sozialwissenschaften. 221-255

Nauck, Bernhard (1994): Erziehungsklima, intergenerative Transmission und Sozialisation von Jugendlichen in türkischen Migrantenfamilien. In: Zeitschrift für Pädagogik 40. 43-62

Nauck, Bernhard/Diefenbach, Heike (1997): Bildungsbeteiligung von Kindern aus Familien ausländischer Herkunft: Eine methodenkritische Diskussion des Forschungsstands und eine empirische Bestandsaufnahme. In: Schmidt, Folker (Hrsg.): Methodische Probleme der empirischen Erziehungswissenschaft. Baltmannsweiler: Schneider-Verlag Hohengehren. 289-307

Nauck, Bernhard/Diefenbach, Heike/Petri, Kornelia (1998): Intergenerationale Transmission von kulturellem Kapital unter Migrationsbedingungen. Zum Bildungserfolg von Kindern und Jugendlichen aus Migrantenfamilien in Deutschland. In: Zeitschrift für Pädagogik 44. 701-722

Neugebauer, Martin (2010): Bildungsungleichheit und Grundschulempfehlung beim Übergang auf das Gymnasium: Eine Dekomposition primärer und sekundärer Herkunftseffekte. In: Zeitschrift für Soziologie 39. 202-214

Oevermann, Ulrich/Kieper, Marianne/Rothe-Bosse, Sabine/Schmidt, Michael/Wienskowski, Peter (1976): Die sozialstrukturelle Einbettung von Sozialisationsprozessen. In: Zeitschrift für Soziologie 5. 167-199

Ogbu, John U. (1987): Variability in Minority School Performance: A Problem in Search of an Explanation. In: Anthropology & Education Quarterly 18. 312-334

Pásztor, Adél (2010): 'Go, go on and go higher an' higher'. Second-generation Turks' understanding of the role of education and their struggle through the Dutch school system. In: British Journal of Sociology of Education 31. 59-70

Paulus, Wiebke/Blossfeld, Hans-Peter (2007): Schichtspezifische Präferenzen oder sozioökonomisches Entscheidungskalkül? Zur Rolle elterlicher Bildungsaspirationen im Entscheidungsprozess beim Übergang von der Grundschule in die Sekundarstufe. In: Zeitschrift für Pädagogik 53. 491-508

Pearce, Richard R. (2006): Effects of Cultural and Social Structural Factors on the Achievement of White and Chinese American Students at School Transition Points. In: American Educational Research Journal 43. 75-101

Peisert, Hansgert (1967): Soziale Lage und Bildungschancen in Deutschland. München: Piper Verlag

Picht, Georg (1964): Die deutsche Bildungskatastrophe. Olten: Walter

Portes, Alejandro/Rumbaut, Rubén G. (2006): Immigrant America: A Portrait. Berkeley: University of California Press

Qian, Zhenchao, und Sampson Lee Blair, 1999: Racial/Ethnic Differences in Educational Aspirations of High School Seniors. In: Sociological Perspectives 42. 605-626

Relikowski, Ilona/Meulemann, Heiner (2012): Soziale Selektion im Wandel. Primäre und sekundäre Herkunftseffekte in Hessen 1969 und 2007. Unveröffentlichtes Manuskript

Relikowski, Ilona/Schneider, Thorsten/Blossfeld, Hans-Peter (2009): Primary and Secondary Effects of Social Origin in Migrant and Native Families at the Transition to the Tracked German School System. In: Cherkaoui, Mohamed/Hamilton, Peter (Hrsg.): Raymond Boudon. A Life in Sociology. Oxford: Bardwell Press. 149-170

Relikowski, Ilona/Schneider, Thorsten/Blossfeld, Hans-Peter (2010): Primäre und sekundäre Herkunftseffekte beim Übergang in das gegliederte Schulsystem: Welche Rolle spielen soziale Klasse und Bildungsstatus in Familien mit Migrationshintergrund? In: Beckers, Tilo/Birkelbach, Klaus W./Hagenah, Jörg/Rosar, Ulrich (Hrsg.): Komparative empirische Sozialforschung. Anwendungsfelder und aktuelle Methoden in Best Practice-Studien. Wiesbaden: VS Verlag für Sozialwissenschaften. 143-167

Relikowski, Ilona/Yilmaz, Erbil/Blossfeld, Hans-Peter (2012): Wie lassen sich die hohen Bildungsaspirationen von Migranten erklären? Eine Mixed-Methods Studie zur Rolle von strukturellen Aufstiegschancen und individueller Bildungserfahrung. In: Kölner Zeitschrift für Soziologie und Sozialpsychologie Sonderheft 52, im Erscheinen

Rosenbaum, Emily/Rochford, Jessie A. (2008): Generational Patterns in Academic Performance: The Variable Effects of Attitudes and Social Capital. In: Social Science Research 37. 350-372

Roth, Tobias/Salikutluk, Zerrin/Kogan, Irena (2010): Auf die „richtigen" Kontakte kommt es an! Soziale Ressourcen und die Bildungsaspirationen der Mütter von Haupt-, Real- und Gesamtschülern in Deutschland. In: Becker, Birgit/Reimer, David (Hrsg.): Vom Kindergarten bis zur Hochschule. Wiesbaden: VS Verlag für Sozialwissenschaften. 179-212

Schimpl-Neimanns, Bernhard (2000): Soziale Herkunft und Bildungsbeteiligung: Empirische Analysen zu herkunftsspezifischen Bildungsungleichheiten zwischen 1950 und 1989. In: Kölner Zeitschrift für Soziologie und Sozialpsychologie 52. 636-669

Schindler, Steffen/Reimer, David (2010): Primäre und sekundäre Effekte der sozialen Herkunft beim Übergang in die Hochschulbildung. In: Kölner Zeitschrift für Soziologie und Sozialpsychologie 62. 623-653

Schindler, Steffen/Lörz, Markus (2011): Mechanisms of Social Inequality Development: Primary and Secondary Effects in the Transition to Tertiary Education Between 1976 and 2005. In: European Sociological Review. European Sociological Review Advance Access, doi: 10.1093/esr/jcr032

Schneider, Thorsten (2004): Der Einfluss des Einkommens der Eltern auf die Schulwahl. In: Zeitschrift für Soziologie 33. 471-492

Schneider, Thorsten (2011): Die Bedeutung der sozialen Herkunft und des Migrationshintergrundes für Lehrerurteile am Beispiel der Grundschulempfehlung. In: Zeitschrift für Erziehungswissenschaft 14. 371-396

Schneider, Thorsten (Im Erscheinen): School Class Composition and Student Development in Cognitive and Non-Cognitive Domains. Longitudinal Analyses on Primary School Students in Germany. In: Windzio, Michael (Hrsg.): Integration and Inequality in Educational Institutions. Berlin: Springer

Schuchart, Claudia/Maaz, Kai (2007): Bildungsverhalten in institutionellen Kontexten: Schulbesuch und elterliche Bildungsaspiration am Ende der Sekundarstufe I. In: Kölner Zeitschrift für Soziologie und Sozialpsychologie 59. 640-666

Schwippert, Knut/Hornberg, Sabine/Freiberg, Martin/Stubbe, Tobias C. (2007): Lesekompetenzen von Kindern mit Migrationshintergrund im internationalen Vergleich. In: Bos, Wilfried/Hornberg, Sabine/Arnold, Karl-Heinz/Faust, Gabriele/Fried, Lilian/Lankes, Eva-Maria/Schwippert, Knut/Valtin, Renate (Hrsg.): IGLU 2006. Lesekompetenzen von Grundschülern in Deutschland im internationalen Vergleich. Münster: Waxmann. 249-269

Segeritz, Michael/Walter, Oliver/Stanat, Petra (2010): Muster des schulischen Erfolgs von jugendlichen Migranten in Deutschland: Evidenz für segmentierte Assimilation? In: Kölner Zeitschrift für Soziologie und Sozialpsychologie 62. 113-138

Sewell, William H./Haller, Archibald O./Portes, Alejandro (1969): The Educational and Early Occupational Attainment Process. In: American Sociological Review 34. 82-92

Söhn, Janina (2011): Rechtsstatus und Bildungschancen. Die staatliche Ungleichbehandlung von Migrantengruppen und ihre Konsequenzen. Reihe Sozialstrukturanalyse. Wiesbaden: VS Verlag für Sozialwissenschaften

Spera, Christopher/Wentzel, Kathryn/Matto, Holly (2009): Parental Aspirations for Their Children's Educational Attainment: Relations to Ethnicity, Parental Education, Children's Academic Performance, and Parental Perceptions of School Climate. In: Journal of Youth and Adolescence 38. 1140-1152

Staatsinstitut für Schulqualität und Bildungsforschung (2009): Bildungsbericht Bayern 2009. München

Stanat, Petra/Christensen, Gayle (2006): Schulerfolg von Jugendlichen mit Migrationshintergrund im internationalen Vergleich. Eine Analyse von Voraussetzungen und Erträgen schulischen Lernens im Rahmen von PISA 2003. Berlin: Bundesministerium für Forschung und Bildung (BMBF)

Stanat, Petra/Rauch, Dominique/Segeritz, Michael (2010a): Schülerinnen und Schüler mit Migrationshintergrund. In: Klieme, Eckhard/Artelt, Cordula/Hartig, Johannes/Jude, Nina/Köller, Olaf/Prenzel, Manfred/Schneider, Wolfgang/Stanat, Petra (Hrsg.): PISA 2009. Bilanz nach einem Jahrzehnt. Münster: Waxmann. 200-230

Stanat, Petra/Schwippert, Knut/Gröhlich, Carola (2010b): Der Einfluss des Migrantenanteils in Schulklassen auf den Kompetenzerwerb. In: Zeitschrift für Pädagogik 56. 147-164

Stanat, Petra/Segeritz, Michael/Christensen, Gayle (2010c): Schulbezogene Motivation und Aspiration von Schülerinnen und Schülern mit Migrationshintergrund. In: Bos, Wilfried/Klieme, Eckhard/Köller, Olaf (Hrsg.): Schulische Lerngelegenheiten und Kompetenzentwicklung. Festschrift für Jürgen Baumert. Münster: Waxmann. 31-58

Statistisches Bundesamt (2010): Bevölkerung und Erwerbstätigkeit. Bevölkerung mit Migrationshintergrund – Ergebnisse des Mikrozensus. Fachserie 1 Reihe 2.2. Wiesbaden: Statistisches Bundesamt

Statistisches Bundesamt (2011): Bevölkerung und Erwerbstätigkeit. Ausländische Bevölkerung – Ergebnisse des Ausländerzentralregisters. Fachserie 1 Reihe 2. Wiesbaden: Statistisches Bundesamt

Stevenson, Harold W./Chen, Chuansheng/Utal, David H. (1990): Beliefs and Achievement: A Study of Black, White, and Hispanic Children. In: Child Development 61. 508-523

Stocké, Volker (2005a): Idealistische Bildungsaspirationen. In ZUMA-Informationssystem. Elektronisches Handbuch sozialwissenschaftlicher Erhebungsinstrumente. Version 9.00, Hrsg. Angelika Glöckner-Rist. Mannheim: Zentrum für Umfragen, Methoden und Analysen

Stocké, Volker (2005b): Realistische Bildungsaspirationen. In ZUMA-Informationssystem. Elektronisches Handbuch sozialwissenschaftlicher Erhebungsinstrumente. Version 9.00, Hrsg. Angelika Glöckner-Rist. Mannheim: Zentrum für Umfragen, Methoden und Analysen

Stocké, Volker (2007a): Explaining Educational Decision and Effects of Families' Social Class Position: An Empirical Test of the Breen Goldthorpe Model of Educational Attainment. In: European Sociological Review 23. 505-519

Stocké, Volker (2007b): Strength, Sources, and Temporal Development of Primary Effects of Families' Social Status on Secondary School Choice. Sonderforschungsbereich 504, Universität Mannheim

Stubbe, Tobias C. (2009): Bildungsentscheidungen und sekundäre Herkunftseffekte: Soziale Disparitäten bei Hamburger Schülerinnen und Schülern der Sekundarstufe I. Münster: Waxmann

Toprak, Ahmet (2008): Erziehungsstile und Erziehungsziele türkischer Eltern. In: Kinder- und Jugendschutz in Wissenschaft und Praxis 53. 72-75

Treiman, Donald J. (1977): Occupational Prestige in Comparative Perspective. New York: Academic Press

UNESCO (2004): Education for All. The Quality Imperative. EFA Global Monitoring Report 2005. Paris: United Nations Educational, Scientific and Cultural Organization

Vallet, Louis-André/Caille, Jean-Paul (1999): Migration and Integration in France. Academic Careers of Immigrants' Children in Lower and Upper Secondary School. Beitrag für ESF Conference "European Societies or European Society? Migrations and Inter-Ethnic Relations in Europe", 23.-28. September 1999. Obernai

Van De Werfhorst, Herman G./Van Tubergen, Frank (2007): Ethnicity, schooling, and merit in the Netherlands. In: Ethnicities 7. 416-444

von Carnap, Roderich/Edding, Friedrich (1962): Der relative Schulbesuch in den Ländern der Bundesrepublik 1952-1960. Frankfurt am Main: Hochschule für Internationale Pädagogik

von Maurice, Jutta/Artelt, Cordula/Blossfeld, Hans-Peter/Faust, Gabriele/Rossbach, Hans-Günter/Weinert, Sabine (2007): Bildungsprozesse, Kompetenzentwicklung und Formation von Selektionsentscheidungen im Vor- und Grundschulalter: Überblick über die Erhebungen in den Längsschnitten BiKS-3-8 und BiKS-8-12 in den ersten beiden Projektjahren. In: PsyDok [Online] 2007/1008. http://psydok.sulb.uni-saarland.de/volltexte/2007/1008/pdf/online_version.pdf (Zugegriffen: 29. April 2012)

Walter, Oliver/Taskinen, Päivi (2007): Kompetenzen und bildungsrelevante Einstellungen von Jugendlichen mit Migrationshintergrund in Deutschland: Ein Vergleich mit ausgewählten OECD-Staaten. In: Deutsches PISA-Konsortium (Hrsg.): PISA 2006. Die Ergebnisse der dritten internationalen Vergleichsstudie. Münster: Waxmann. 337-366

Weiß, Rudolf H. (1998): CFT 20 – Grundintelligenztest Skala 2 mit Wortschatztest (WS) und Zahlenfolgetest (ZF). Göttingen: Hogrefe

Wells, Ryan (2008): Do All Immigrant Students have High Educational Expectations? Exploring Generational Status, Race/ Ethnicity, and SES. Beitrag für Annual Meeting of the American Sociological Association, 31. Juli 2008. Sheraton and Marriott Copley Place, Boston

Winship, Christopher/Mare, Robert D. (1984): Regression Models for Ordinal Variables. In: American Sociological Review 49. 512-525

VS Forschung | VS Research
Neu im Programm Soziologie

Ina Findeisen
Hürdenlauf zur Exzellenz
Karrierestufen junger Wissenschaftlerinnen und Wissenschaftler
2011. 309 S. Br. EUR 39,95
ISBN 978-3-531-17919-3

David Glowsky
Globale Partnerwahl
Soziale Ungleichheit als Motor transnationaler Heiratsentscheidungen
2011. 246 S. Br. EUR 39,95
ISBN 978-3-531-17672-7

Grit Höppner
Alt und schön
Geschlecht und Körperbilder im Kontext neoliberaler Gesellschaften
2011. 130 S. Br. EUR 29,95
ISBN 978-3-531-17905-6

Andrea Lengerer
Partnerlosigkeit in Deutschland
Entwicklung und soziale Unterschiede
2011. 252 S. Br. EUR 29,95
ISBN 978-3-531-17792-2

Markus Ottersbach / Claus-Ulrich Prölß (Hrsg.)
Flüchtlingsschutz als globale und lokale Herausforderung
2011. 195 S. (Beiträge zur Regional- und Migrationsforschung) Br. EUR 39,95
ISBN 978-3-531-17395-5

Tobias Schröder / Jana Huck / Gerhard de Haan
Transfer sozialer Innovationen
Eine zukunftsorientierte Fallstudie zur nachhaltigen Siedlungsentwicklung
2011. 199 S. Br. EUR 34,95
ISBN 978-3-531-18139-4

Anke Wahl
Die Sprache des Geldes
Finanzmarktengagement zwischen Klassenlage und Lebensstil
2011. 198 S. r. EUR 34,95
ISBN 978-3-531-18206-3

Tobias Wiß
Der Wandel der Alterssicherung in Deutschland
Die Rolle der Sozialpartner
2011. 300 S. Br. EUR 39,95
ISBN 978-3-531-18211-7

Erhältlich im Buchhandel oder beim Verlag.
Änderungen vorbehalten. Stand: Juli 2011.

Einfach bestellen:
SpringerDE-service@springer.com
tel +49(0)6221/345-4301
springer-vs.de

Springer VS

VS Forschung | VS Research
Neu im Programm Erziehungswissenschaft

Gabi Elverich
Demokratische Schulentwicklung
Potenziale und Grenzen einer Handlungsstrategie gegen Rechtsextremismus
2011. 448 S. Br. EUR 39,95
ISBN 978-3-531-17858-5

Marcel Klaas / Alexandra Flügel / Rebecca Hoffmann / Bernadette Bernasconi (Hrsg.)
Kinderkultur(en)
2011. 329 S. Br. EUR 34,95
ISBN 978-3-531-16468-7

Sabine Klomfaß
Hochschulzugang und Bologna-Prozess
Bildungsreform am Übergang von der Universität zum Gymnasium
2011. 360 S. Br. EUR 39,95
ISBN 978-3-531-18127-1

Andreas Knoke / Anja Durdel (Hrsg.)
Steuerung im Bildungswesen
Zur Zusammenarbeit von Ministerien, Schulaufsicht und Schulleitungen
2011. 166 S. Br. EUR 24,95
ISBN 978-3-531-17888-2

Alexander Lahner
Bildung und Aufklärung nach PISA
Theorie und Praxis außerschulischer politischer Jugendbildung
2011. 363 S. Br. EUR 49,95
ISBN 978-3-531-18041-0

Andrea Óhidy
Der erziehungswissenschaftliche Lifelong Learning-Diskurs
Rezeption der europäischen Reformdiskussion in Deutschland und Ungarn
2011. 239 S. (Studien zur international vergleichenden Erziehungswissenschaft. Schwerpunkt Europa – Studies in International Comparative Educational Science. Focus: Europe) Br. EUR 39,95
ISBN 978-3-531-18113-4

Victor Tiberius
Hochschuldidaktik der Zukunftsforschung
2011. 371 S. Br. EUR 49,95
ISBN 978-3-531-18124-0

Erhältlich im Buchhandel oder beim Verlag.
Änderungen vorbehalten. Stand: Juli 2011.

Einfach bestellen:
SpringerDE-service@springer.com
tel +49 (0)6221 / 3 45 – 4301
springer-vs.de

Springer VS